Das kleine Buch der Börsenmythen

Ken Fisher

KEN FISHER
LARA W. HOFFMANS · CHRIS CIARMIELLO

DAS KLEINE BUCH DER BÖRSENMYTHEN

SO VERMEIDEN SIE ANLAGEFEHLER UND AGIEREN ERFOLGREICH AN DER BÖRSE!

börsenbuchverlag

Die Originalausgabe erschien unter dem Titel
The Little Book of Market Myths: How to Profit by Avoiding the Investing Mistakes Everyone Else Makes, 2nd Edition
ISBN 978-1-394-28319-4

Übersetzung: Börsenmedien AG, Egbert Neumüller
Coveridee: Paul McCarthy
Gestaltung Cover: Anna Lena Schramm
Gestaltung, Satz und Herstellung: Anna Lena Schramm
Lektorat: Merle Gailing
Druck: CPI books GmbH, Leck, Germany

ISBN 978-3-68932-047-8

Bibliografische Information der Deutschen Nationalbibliothek:
Die Deutsche Nationalbibliothek verzeichnet diese Publikation in der Deutschen Nationalbibliografie; detaillierte bibliografische Daten sind im Internet über <http://dnb.d-nb.de> abrufbar.

BÖRSEN MEDIEN
AKTIENGESELLSCHAFT

Postfach 1449 • 95305 Kulmbach
Tel: +49 9221 9051-0 • Fax: +49 9221 9051-4444
E-Mail: info@plassen-buchverlage.de
www.plassen.de
www.facebook.com/plassenverlag
www.instagram.com/plassen_buchverlage

INHALT

VORWORT

Sich selbst infrage zu stellen ist schwierig.

Das ist eines der schwierigsten Dinge, die wir tun (oder eher nicht tun). Menschen stellen sich nicht gern selbst infrage. Wenn wir uns hinterfragen, merken wir vielleicht, dass wir uns irren, und das führt zu Erniedrigung und Schmerz. Die Menschen haben sich über Jahrtausende so entwickelt, dass sie unzählige und oft irrationale Schritte unternehmen, damit sie bereits die Gefahr von Erniedrigung und Schmerz vermeiden können.

Unseren fernen Ahnen haben diese Instinkte wahrscheinlich dabei geholfen, dass sie nicht von wilden Tieren zerfleischt wurden und in langen Wintern nicht verhungert sind. Aber diese tief eingeprägten Instinkte sind oft genau das Falsche, wenn es um moderne Probleme wie etwa die Kapitalmärkte geht, die häufig der Intuition widersprechen.

Ich sage oft, der Anlageerfolg bestehe zu zwei Dritteln aus der Vermeidung von Fehlern und zu einem Drittel daraus, dass man etwas richtig macht. Wenn man Fehler vermeidet, kann man seine Fehlerquote senken. Allein das dürfte die Ergebnisse schon verbessern. Wenn man Fehler vermeiden und dazu noch gelegentlich etwas richtig machen kann, ist man wahrscheinlich besser als die meisten anderen. Besser als die meisten Profis!

Vielleicht meinen Sie, es sei leicht, Fehler zu vermeiden. Man braucht ja einfach keine Fehler zu machen! Aber wer macht sie schon absichtlich? Anleger machen jedoch die Fehler nicht, weil sie wissen, dass es Fehler sind. Sie machen sie, weil sie sie für kluge Entscheidungen halten. Entscheidungen, die sie schon viele Male getroffen haben und die sie bei anderen klugen Menschen gesehen haben. Sie meinen, sie würden die richtigen Entscheidungen treffen, weil sie sie nicht infrage stellen.

Denn welchen Sinn hat es denn, etwas infrage zu stellen, das „jeder weiß"? Oder etwas, das dem gesunden Menschenverstand entspricht? Oder etwas, das man von jemandem gelernt hat, der angeblich klüger ist als man selbst?

Das wäre Zeitverschwendung, oder?

Nein! Man sollte immer *alles* infrage stellen, was man zu wissen glaubt. Nicht nur einmal, sondern jedes Mal, wenn man eine Anlageentscheidung trifft. Das ist nicht schwer. Nun ja, jedenfalls ist es funktional nicht schwer, aber emotional und instinktiv kann es durchaus schwer sein. Was ist das Schlimmste, was passieren kann? Sie stellen fest, dass Sie die ganze Zeit richtiglagen, und das macht Freude. Dann entsteht kein Schaden. Keine Erniedrigung!

Oder aber Sie stellen fest, dass Sie sich geirrt haben. Und nicht nur Sie, sondern weite Teile der Menschheit, die an eine falsche Wahrheit glauben – genau wie Sie es getan haben! Dann haben Sie einen Mythos aufgedeckt. Und wenn man feststellt, dass etwas, das man bislang für wahr hielt, in Wirklichkeit ein Mythos ist, hält einen das von einem womöglich kostspieligen (vielleicht wiederholten) Fehler ab. Das ist nicht erniedrigend, sondern schön. Und möglicherweise gewinnbringend.

Die gute Nachricht: Wenn Sie einmal angefangen haben, Fragen zu stellen, wird es immer leichter. Vielleicht meinen Sie, das sei unmöglich. Denn wenn es leicht wäre, würden es dann nicht alle tun? (Die Antwort: Nein, die meisten Menschen gehen lieber den leichten Weg, nie Fragen zu stellen und nie erniedrigt zu werden.) Aber Sie können – und sollten – alles und jedes infrage stellen. Fangen Sie mit den Dingen an, die Sie in der Zeitung lesen oder aus dem Fernsehen erfahren und die Sie hinnehmen. Wenn Sie etwas einfach hinnehmen, haben Sie vielleicht eine Wahrheit entdeckt, der Sie nie groß nachgeforscht haben, oder überhaupt nicht.

Ein Beispiel ist die fast allgemeine Überzeugung, hohe Arbeitslosigkeit sei schlecht für die Wirtschaft und für die Börse tödlich. Ich kenne niemanden, der das Gegenteil sagt – hohe Arbeitslosigkeit führe nicht in den wirtschaftlichen Untergang. Doch wie ich in Kapitel 12 zeige, ist die Arbeitslosigkeit wahrscheinlich ein später, verzögerter Indikator und deutet nicht auf die künftige Entwicklungsrichtung der Konjunktur oder der Märkte hin. Und erstaunlicherweise beginnen Rezessionen dann, wenn sich die Arbeitslosigkeit ganz oder fast in einer zyklischen Talsohle befindet, nicht umgekehrt. Die Zahlen beweisen es – und fundamental ergibt das auch einen Sinn, sobald man anfängt, wie ein Vorstandsvorsitzender zu denken (was ich in diesem Buch erkläre). Das ist ein Mythos, den ich anhand von Zahlen widerlege, die man ziemlich leicht aus öffentlich zugänglichen Quellen bekommt. Zahlen, die öffentlich verfügbar und leicht zu beschaffen sind! Aber da nur wenige diesen Mythos infrage stellen, kann er sich halten.

Dieses Buch behandelt einige der am weitesten verbreiteten Markt- und Wirtschaftsmythen – die regelmäßig dazu führen, dass Menschen die Welt falsch sehen, und die zu Anlagefehlern führen. Etwa, die Vereinigten Staaten hätten zu viele Schulden, die Asset Allocation sollte vom Lebensalter bestimmt werden, Aktien mit hohen Dividenden könnten ein verlässliches Renteneinkommen liefern, Stop-Losses würden tatsächlich Verluste stoppen und vieles mehr. Über vieles davon habe ich schon in früheren Büchern geschrieben, aber hier sammele ich die meines Erachtens empörendsten Mythen. Ich behandle sie ausführlich, betrachte sie aus einem anderen Blickwinkel oder anhand aktuellerer Zahlen.

Außerdem habe ich ganz einfach deshalb schon früher über viele dieser Mythen geschrieben, weil sie so weit verbreitet sind und die Menschen so streng und irrtümlich an sie glauben. Ich nehme an, dass ich hier über sie schreibe, wird nicht viele (oder gar die wenigsten) von ihnen überzeugen, dass die Mythen falsch sind. Sie bevorzugen den leichten Weg und die Mythologie. Das ist auch in Ordnung so. Denn Ihnen ist vielleicht die Wahrheit lieber – die Ihnen einen Vorteil verschafft –, als Weg, Investmententscheidungen zu vermeiden, die nicht auf solider Analyse und/oder fundamentaler Theorie basieren, sondern auf einem Mythos, den jedermann einfach so glaubt.

Jedes Kapitel des Buches ist einem Mythos gewidmet. Springen Sie hin und her! Lesen Sie sie alle oder nur diejenigen, die Sie interessieren. In beiden Fällen hoffe ich, dass Ihnen das Buch dazu verhilft, Ihre Anlageergebnisse zu verbessern, indem es Ihnen hilft, die Welt ein bisschen klarer zu sehen. Und ich hoffe, die darin enthaltenen Beispiele regen Sie dazu an, selbst ein bisschen Detektivarbeit zu leisten und noch mehr Börsenmythen aufzudecken.

Sie werden in den Kapiteln schnell ein paar gemeinsame Eigenschaften bemerken. Sie sind sozusagen Bedienungsanleitungen für die Aufdeckung von Mythen. Zu der Taktik, die ich immer wieder verwende, um die Mythen bloßzulegen, gehört unter anderem:

- *Einfach fragen, ob etwas wahr ist.* Das ist der erste grundlegende Schritt. Wenn Sie den nicht gehen, können Sie nicht zu den späteren Schritten übergehen.

- *Gegen die Intuition angehen.* Wenn etwas „jeder weiß", fragen Sie sich, ob vielleicht das Gegenteil zutreffen könnte.

- *Die Geschichte überprüfen.* Vielleicht sagt jeder, gerade sei XYZ passiert und das sei schlimm. Oder es wäre viel besser gewesen, wenn ABC passiert wäre. Das stimmt vielleicht, vielleicht aber auch nicht. Man kann die Geschichte überprüfen, um festzustellen, ob XYZ zuverlässig zum Schlechten oder ABC zum Guten geführt hat. Dafür stehen Ihnen reichlich historische Daten zur Verfügung!

- *Einige einfache Korrelationen durchgehen.* Wenn alle glauben, X würde Y verursachen, können Sie überprüfen, ob das immer so ist, ob das manchmal so ist oder nie so ist.

- *Den Maßstab ändern.* Wenn eine Zahl unglaublich erschreckend und groß erscheint, stellen Sie sie in den richtigen Zusammenhang. Dann schrumpft die Angst vielleicht auf die passende Größe.

- *Global denken.* Die Menschen halten die Vereinigten Staaten häufig für eine Insel. Sind sie aber nicht – die Vereinigten Staaten werden massiv von dem beeinflusst, was außerhalb ihrer Grenzen geschieht. Und Anleger auf der ganzen Welt haben oft ähnliche Ängste, Motivationen et cetera.

Es gibt eine Menge Mythen, denen Anleger zum Opfer fallen – ich könnte sie hier niemals alle behandeln. Aber wenn man die Schönheit und Kraft des Fragens im Laufe der Zeit verinnerlichen kann, dürfte man sich von schädlichen Mythen weniger zum Narren halten lassen und bessere langfristige Ergebnisse erzielen. Legen wir also los.

1

ANLEIHEN SIND SICHERER ALS AKTIEN

„Jeder weiß, dass Anleihen sicherer sind als Aktien."

Sogar nachdem die Anleihen im Jahr 2022 niedergeprügelt wurden, verbleibt diese Überzeugung in der Anleger-Rechtgläubigkeit – eine hundertprozentige Binsenweisheit: Man trägt sein Geld auf die Bank, und die Sonne lacht. Denn schließlich übertrafen die Anleihen Aktien sogar in dem ungewöhnlich schrecklichen Jahr 2022. Schon dem Gedanken nachzugehen, Aktien könnten sicherer sein als Anleihen, klingt wie ein Sakrileg.

Aber gerade Überzeugungen, die derart weithin, auf breiter Front und allgemein geteilt werden, erweisen sich am Ende als schlicht falsch – sogar als verdreht.

Gehen Sie also hin und fragen Sie: „Sind sie wirklich sicherer?"

Und anfangs mag es einleuchtend erscheinen, dass es sicherer ist, sich mit Anleihen abzumühen als mit Aktien, die grundsätzlich stark schwanken. Ich aber sage, dass die Frage, ob Anleihen sicherer sind oder nicht, davon abhängt, was man mit „sicher" meint.

Dafür gibt es nämlich keine technische Definition – es gibt also einen riesigen Interpretationsspielraum. Vielleicht meint eine Person mit „sicher“, dass die erwartete kurzfristige Volatilität geringer ist. Kein Schwanken! Eine andere Person meint mit „sicher“ vielleicht, dass sie langfristige Ziele mit höherer Wahrscheinlichkeit erreicht – wofür eine höhere kurzfristige Volatilität nötig sein kann.

Auch Anleihen sind volatil

Im Jahr 2022 lernten viele Menschen auf die harte Tour, dass Aktien nicht die einzigen Anlagen mit negativer Volatilität sind – auch Anleihen schwanken, und das manchmal auch nach unten! Aber das ist nichts Neues, Anleihekurse sind *schon immer* volatil. Sie bewegen sich entgegengesetzt zu den Zinsen. Wenn die Zinsen wie im Jahr 2022 steigen, fallen die Preise derzeit begebener Anleihen – und umgekehrt. Darum schwanken die Preise von Anleihen Jahr für Jahr nach unten und oben, wenn die Zinsen diverser Anleihekategorien nach oben und unten schwanken. Manche Anleihekategorien sind volatiler als andere, aber es kann in jedem Jahr vorkommen, dass Anleihen negative Renditen haben – sogar die als Benchmark geltenden US-Schatzanleihen, die im Jahr 2022 um 17,0 Prozent abstürzten.[1]

Aber insgesamt, als breite Kategorie betrachtet, sind Anleihen normalerweise nicht so volatil wie Aktien – über kürzere Zeiträume.

Das ist eine wichtige Einschränkung. Über kürzere Zeiträume, etwa über ein Jahr, auch noch über fünf Jahre, sind Anleihen weniger volatil. Auch ihre erwarteten Renditen sind geringer. Aber wenn man ausschließlich das Ziel verfolgt, die Volatilität zu dämpfen, und wenn einem überlegene langfristige Renditen egal sind, stört einen das vielleicht gar nicht.

Abbildung 1.1 zeigt die durchschnittlichen Jahresrenditen und die Standardabweichung (ein gängiges Maß für die Volatilität, das die

Differenz zur durchschnittlichen Rendite angibt) über rollierende 5-Jahres-Zeiträume. Sie ist in eine Auswahl von Allokationen aufgeteilt: 100 Prozent Aktien, 70 Prozent Aktien/30 Prozent Festverzinsliche, 50/50 und 10 Prozent Festverzinsliche.

Abbildung 1.1 Zeithorizont fünf Jahre - Volatilität

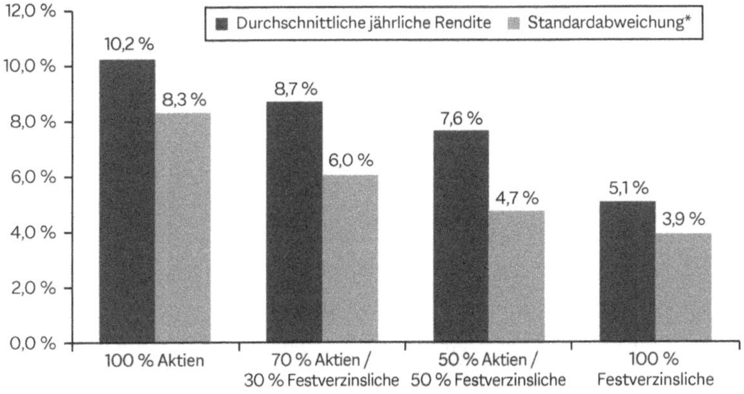

**Die Standardabweichung gibt an, wie sehr die historischen Erträge geschwankt haben. Dieses Maß wird in diesem Diagramm auf fünfjährige annualisierte rollierende Renditen angewandt.*

Quelle: Global Financial Data, Inc., Stand 21.02.2024. US 10-Year Government Bond Index, S&P 500 Total Return Index, durchschnittliche Rendite über rollierende 5-Jahres-Zeiträume von 31.12.1925 bis 31.12.2023.

Die höchste Rendite brachten 100 Prozent Aktien. Und es überrascht nicht, dass die durchschnittliche Standardabweichung bei 100 Prozent Aktien größer war als bei allen Allokationen mit Festverzinslichen – das heißt, die Aktien waren im Schnitt volatiler. Je größer der Anteil von festverzinslichen Papieren, umso geringer die Standardabweichung über rollierende 5-Jahres-Zeiträume.

Bis jetzt habe ich noch nichts geschrieben, was Sie überrascht. *Jeder weiß*, dass Aktien volatiler sind als Anleihen.

Aktien sind weniger volatil als Anleihen?

Aber lesen Sie weiter – wenn man den Betrachtungszeitraum verlängert, passiert nämlich etwas. Abbildung 1.2 zeigt das Gleiche wie Abbildung 1.1, nur über rollierende 20-Jahres-Zeiträume. Dadurch sinkt die Standardabweichung für 100 Prozent Aktien erheblich und ist fast mit derjenigen von 100 Prozent Festverzinslichen identisch. Die Renditen von Aktien sind immer noch besser – aber bei ähnlicher historischer Volatilität.

Abbildung 1.2 Zeithorizont 20 Jahre - Volatilität

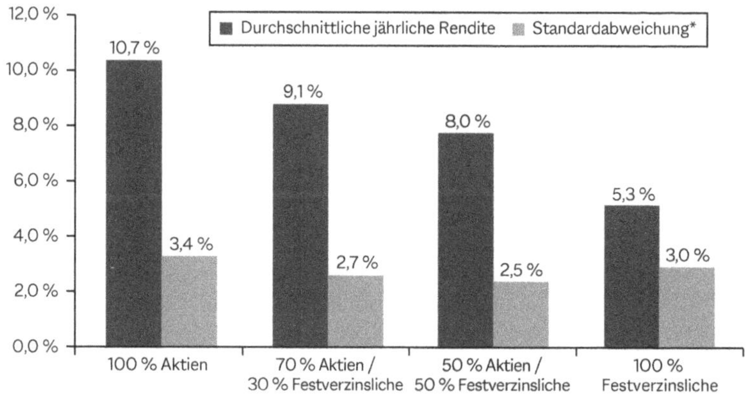

**Die Standardabweichung gibt an, wie sehr die historischen Erträge geschwankt haben. Dieses Maß wird in diesem Diagramm auf fünfjährige annualisierte rollierende Renditen angewandt.*

Quelle: Global Financial Data, Inc., Stand 21.02.2024. US 10-Year Government Bond Index, S&P 500 Total Return Index, Durchschnittliche Rendite über rollierende 20-Jahres-Zeiträume von 31.12.1925 bis 31.12.2023.

Über 30-Jahres-Zeiträume wird das noch ausgeprägter – gezeigt in Abbildung 1.3. (Wenn Sie meinen, 30 Jahre wären ein unmöglich langer Anlagehorizont, dann ist Kapitel 2 das Richtige für Sie. Die Anleger gehen üblicherweise von einem zu kurzen Zeithorizont aus – aber 30 Jahre sind für die meisten Leser dieses Buches nicht unvernünftig.) Über rollierende 30-Jahres-Zeiträume ist die durchschnittliche Standardabweichung bei 100 Prozent Aktien geringer als bei 100 Prozent Festverzinslichen. Die Aktien waren halb so volatil, brachten aber eine viel bessere Rendite!

Abbildung 1.3 Zeithorizont 30 Jahre - Volatilität

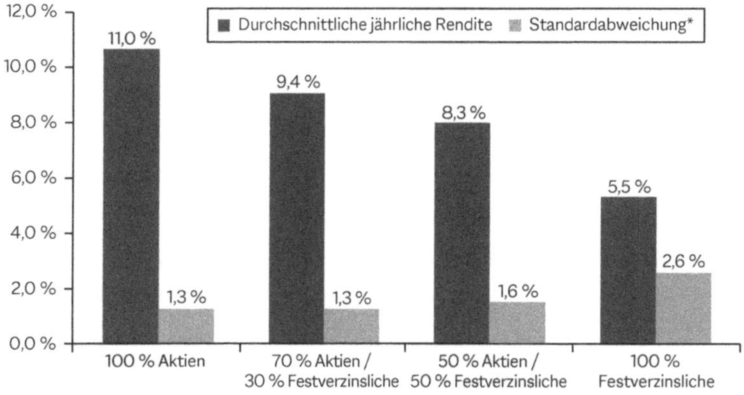

**Die Standardabweichung gibt an, wie sehr die historischen Erträge geschwankt haben. Dieses Maß wird in diesem Diagramm auf fünfjährige annualisierte rollierende Renditen angewandt.*

Quelle: Global Financial Data, Inc., Stand 21.02.2024. US 10-Year Government Bond Index, S&P 500 Total Return Index, Durchschnittliche Rendite über rollierende 20-Jahres-Zeiträume von 31.12.1925 bis 31.12.2023.

Von Tag zu Tag, von Monat zu Monat und von Jahr zu Jahr machen Aktien gewaltige Schwankungen durch – oft viel mehr als Anleihen. Das kann eine harte emotionale Erfahrung sein – aber diese höhere kurzfristige Volatilität sollte Sie nicht überraschen. Die Finanztheorie besagt, dass das so sein muss. Damit man die gegenüber Festverzinslichen höhere Rendite von Aktien bekommt, muss man ein höheres Maß an kurzfristiger Volatilität in Kauf nehmen. Wenn Aktien im Schnitt Jahr für Jahr weniger volatil wären, dann wären wahrscheinlich ihre Renditen niedriger. Wie die von Anleihen!

Aber wenn man ihnen ein bisschen mehr Zeit lässt, löst sich das wilde monatliche und jährliche Gezappel in eine stetigere und beständigere Aufwärts-Volatilität auf. Ja, die Volatilität geht in beide Richtungen.

Sie bekommen das wahrscheinlich nicht so oft zu hören (wenn überhaupt), aber die Zahlen beweisen, dass Aktien über längere Zeiträume weniger volatil als Anleihen sind – und das bei höheren Renditen.

Schuld ist die Evolution

Wenn dem so ist, warum haben dann so viele Anleger Angst vor Aktien? Ganz einfach: Die Evolution ist schuld.

Es ist bewiesen, dass Anleger den Schmerz eines Verlusts doppelt so intensiv empfinden, wie sie die Freude über einen Gewinn genießen. Das stammt aus einem Konzept der Finanz-Verhaltenstheorie namens Prospekttheorie, für das der Nobelpreis vergeben wurde. Das ist eine andere Art, zu sagen, dass es ganz natürlich ist, dass in unserem Gehirn eine Gefahr (oder eine vermeintliche Gefahr) einen größeren Eindruck hinterlässt als die Aussicht auf Sicherheit.

Unseren fernen Ahnen leistete diese evolutionsbedingte Reaktion zweifellos gute Dienste. Menschen, die sich von Natur aus ständig Sorgen machten, sie könnten von Säbelzahntigern angegriffen werden, waren wahrscheinlich besser dran als ihre eher gleichgültigen Kollegen. (Die beste Art, einen Kampf gegen einen Säbelzahntiger zu gewinnen, ist, sich auf keinen einzulassen.) Und diejenigen, die übermäßig Angst vor dem nächsten Winter hatten, bereiteten sich wahrscheinlich besser darauf vor und liefen weniger Gefahr, zu erfrieren und/oder zu verhungern. Daher gaben sie ihre umsichtigen Gene erfolgreicher weiter. Wenn man hingegen von künftigen angenehmen Dingen oder von der Abwesenheit von Erfrierungsgefahr besessen war, trug das nicht wirklich etwas zur Verbreitung der Art bei.

Unsere grundlegenden Hirnfunktionen haben sich in dem evolutionären Wimpernschlag, der seither vergangen ist, nicht so sehr verändert. Deshalb belegen Forschungen, dass sich für US-amerikanische Anleger ein Portfolioverlust von zehn Prozent genauso schlecht anfühlt, wie sich ein Gewinn von 25 Prozent gut anfühlt. (Europäische Anleger empfinden den Schmerz eines Verlusts sogar noch intensiver.)

Aktien stehen meistens im Plus

Und was hat das mit der gängigen Fehlauffassung zu tun, die Aktien stünden immer schwer im Minus? Abbildung 1.4 zeigt, wie oft Aktien über verschiedene Zeiträume gesehen positiv beziehungsweise negativ sind. Auf Tagesbasis ist die Wahrscheinlichkeit, dass Aktien positiv sind, nur ein bisschen größer als bei einem Münzwurf. Und negative Tage kommen tendenziell geballt. Positive Tage aber auch! Doch weil wir uns Gefahren übertrieben bewusst sind, nehmen die negativen Ballungen in unserem Gehirn einen größeren Platz ein, auch wenn das nicht der Realität entspricht.

Vom Verhalten her kann es sehr schwer sein, nicht so kurzfristig zu denken. Aber wenn man seinen Beobachtungszeitraum nur ein bisschen verlängern kann, stehen die Chancen gut, dass die Aktien positiv sind. Historisch gesehen entwickeln sich Aktien in 62,9 Prozent der Kalendermonate positiv – allerdings gibt es auch hier Ballungen. Rollierende 12-Monats-Zeiträume sind in 75,0 Prozent der Fälle positiv. Und trotzdem hyperventilieren die Schlagzeilen und die Gelehrten, als würde hinter jeder Ecke ein Bär lauern. Eigentlich sollten sie mehr Angst haben, dass sie Anstiege des Marktes verpassen (siehe Kapitel 3), aber das kommt uns nicht von Natur aus ins Gehirn – das sich von dem Höhlenmenschengehirn unserer fernen Vorfahren nicht allzu sehr unterscheidet.

Die Geschichte ist da eindeutig – durchschnittlich stehen Aktien in der Mehrzahl der Fälle im Plus. Und über längere Zeiträume, also über 20 Jahre und mehr, sind sie in Wirklichkeit weniger volatil als Anleihen. Es kann schwierig sein, fest verwurzeltes Verhalten zu überwinden und so zu denken, aber wenn man es kann, fällt die langfristige Belohnung durch Aktien wahrscheinlich besser aus als durch Anleihen (natürlich nur, wenn man ein gut diversifiziertes Portfolio hat).

Abbildung 1.4 Die historische Häufigkeit positiver Aktienrendite

	Anzahl der Perioden			Anzahl der Perioden	
	Positiv	**Negativ**	**Gesamt**	**Positiv**	**Negativ**
Tagesrenditen*	13157	11610	24767	53,10 %	46,90 %
Kalendermonat-Renditen	739	436	1175	62,90 %	37,10 %
Kalenderquartal-Renditen	270	122	392	68,90 %	31,10 %
Kalenderjahr-Renditen	72	26	98	73,50 %	26,50 %
Rollierende 1-Jahres-Renditen, monatlich	873	291	1164	75,00 %	25,00 %
Rollierende 5-Jahres-Renditen, monatlich	986	130	1116	88,40 %	11,60 %
Rollierende 10-Jahres-Renditen, monatlich	998	58	1056	94,50 %	5,50 %
Rollierende 20-Jahres-Renditen, monatlich	936	0	936	100,00 %	0,00 %
Rollierende 25-Jahres-Renditen, monatlich	876	0	876	100,00 %	0,00 %

**Die Zahlen zu den Tagesrenditen beginnen am 01.01.1928 und basieren nur auf Kursgewinnen. Alle anderen Zahlen beginnen am 31.01.1926 und geben die Gesamtrendite wieder.*

Quelle: Global Financial Data, Inc., Stand 23.02.2024, S&P Total Return Index von 31.01.1926 bis 31.12.2023.

Aktien sind positiv – und schlagen Anleihen um Längen

Aber manchen Leuten fällt es einfach schwer, gegen Jahrtausende kognitiver Evolution anzukämpfen und nicht mehr zu denken: „Was, wenn?“ Was, wenn sich die Aktien über die Wahrscheinlichkeiten hinwegsetzen und demnächst fürchterlich schlecht laufen? Sehen wir uns einfach an, wie die Chancen stehen.

Bei der Geldanlage geht es um Wahrscheinlichkeiten, nicht um Gewissheiten. Bei der Geldanlage gibt es keine Gewissheiten – nicht einmal bei Schatzanleihen, denn auch die können im jeweiligen Jahr an Wert verlieren (denken Sie wieder an das Jahr 2022). Man muss die Wahrscheinlichkeit der möglichen Ausgänge anhand der Geschichte, der grundlegenden wirtschaftlichen Fundamentaldaten und seines Wissens über die gegenwärtigen Bedingungen einschätzen.

Die Wahrscheinlichkeit besagt, dass Aktien bei einem langen Zeithorizont wahrscheinlich eine bessere Performance bringen als Anleihen. Aber wenn sie es nicht tun? Seit 1926 (seit diesem Zeitpunkt haben wir für die Vereinigten Staaten sehr gute Zahlen, die man als brauchbare Näherungswerte für die weltweiten Aktienmärkte verwenden kann) hat es 79 rollierende 20-Jahres-Zeiträume gegeben. In 77 davon (97,5 Prozent)[2] haben die Aktien die Anleihen geschlagen. Über 20 Jahre betrachtet haben Aktien im Schnitt 806 Prozent eingebracht, Anleihen nur 232 Prozent – also schlagen die Aktien die Anleihen im Verhältnis 3,5 zu 1.[3] Das ist verflixt gut! Wenn hingegen die Anleihen einmal die Aktien geschlagen haben, dann im Durchschnitt nur im Verhältnis 1,1 zu 1 – und auch dann waren die Aktien noch positiv, sie lieferten im Schnitt 239 Prozent und die Anleihen 257 Prozent.[4]

In Las Vegas ist die potenzielle Ausspielung umso größer, je geringer die Wahrscheinlichkeit ist. Doch die Entscheidung, ob Aktien oder Anleihen, funktioniert normalerweise umgekehrt. (Das ist ein weiterer Grund, weshalb Menschen, die die Geldanlage mit Glücksspiel vergleichen, weit danebenschießen.) Übrigens haben die Anleihen die Aktien über rollierende 30-Jahres-Zeiträume noch nie geschlagen. Die Aktien brachten im Schnitt eine Gesamtrendite von 2.359 Prozent und die Anleihen nur 547 Prozent – eine Outperformance im Verhältnis 4,3 zu 1.[5]

Also stimmt es durchaus, dass Anleihen über kürzere Zeiträume eine wesentlich niedrigere Volatilität haben. Manche Menschen könnten das auch als „sicher“ bezeichnen. Aber wenn man das Ziel hat, über lange Zeiträume höhere Renditen zu generieren, damit man mit höherer Wahrscheinlichkeit seine Ziele erreicht, ist die geringere kurzfristige Volatilität von Anleihen vielleicht weniger nützlich. Und wenn man 20 oder 30 Jahre später feststellt, dass das Portfolio nicht genug gewachsen ist, um die Ziele zu erfüllen, fühlt man sich vielleicht nicht mehr so sicher – vor allem da die Aktien über diesen längeren Zeitraum im Schnitt wahrscheinlich weniger volatil sind.

Die Aktien-Evolution

Die Zahlen und die Geschichte beweisen, dass Aktien bisher bessere langfristige Renditen aufweisen. Es gibt aber noch einen zusätzlichen Grund für die Überzeugung, dass Aktien auch in Zukunft über längere Zeiträume höhere Renditen bringen werden: Aktien entwickeln sich.

Aktien sind ein Stückchen Eigentum an einer Firma. Zusammengenommen stellen Aktien das kollektive Wissen der Unternehmenswelt dar. Und sie stellen die Verheißung künftiger technischer Fortschritte sowie künftiger Profite aufgrund dieser Innovationen dar.

Unternehmen und somit auch Aktien passen sich an. Manche Unternehmen überleben nicht. Sie machen Bankrott – werden aber durch etwas Neueres, Besseres und Effizienteres ersetzt. Das nennt man schöpferische Zerstörung und das ist eine mächtige Kraft, die zum Wohl der Gesellschaft wirkt.

Und die Firmen sind immer motiviert, nach künftigen Gewinnen zu streben. Welche Probleme sich uns auch in den Weg stellen mögen – Energie, Nahrungsmittel, Wasser, Krankheiten –, irgendjemand (einer oder viele) wird Möglichkeiten finden, bereits erfolgte Innovationen so zusammenzubringen, dass sie etwas Neues hervorbringen, sodass die etwa auftauchenden Probleme niedergeschlagen oder zumindest stark gemildert werden. Aber woher will man das wissen? Weil es schon immer so war?

Im Jahr 1798 sagte der Pfarrer Thomas Malthus voraus, die Nahrungsmittelerzeugung werde bald ihren Höhepunkt erreichen – in seinem (eher fantasielosen) Geist gab es einfach keine Möglichkeit, wie die Welt genug produzieren könnte, um mehr als eine Milliarde Menschen zu ernähren. Die Auffassung eines „grenzenlosen Fortschritts" in der Nahrungsmittelproduktion lehnte er unverblümt ab.

Und trotzdem ist sieben Milliarden Menschen später in einem großen Teil der entwickelten Welt die Fettleibigkeit das größere Problem. Es stimmt schon, dass in manchen Entwicklungsländern der Hunger immer noch ein Problem ist. Aber das ist fast ausschließlich eine Frage schlechter Regierungsführung. Die Welt hat mehr als genug zu essen – wir brauchen einfach mehr Freiheit und Demokratie, damit die armen, unterdrückten Nationen sich nicht mehr darauf verlassen müssen, dass korrupte Regierungen und ihre versagende Infrastruktur Nahrungsmittel an die Bevölkerung verteilen.

Immer wieder werden Menschen, die düstere langfristige Prognosen abgeben, widerlegt, weil sie schlechte Annahmen verwenden, die künftige Innovationen und die Macht des Gewinnstrebens ignorieren. Meine Lieblingsvorhersage ist die des Mannes, der 1894 prophezeite, Londons wachsende Bevölkerung und Industrie werde so viele Pferdestärken benötigen, dass London bis 1950 neun Fuß hoch mit Dung bedeckt sein würde![6]

Wie um alles in der Welt hätte er die Revolution des Verbrennungsmotors vorhersagen können, die von Pferden gezogene Transportmittel schon bald zu einem verblassenden Überbleibsel machen würde? Das hätte er wohl nicht gekonnt, aber er hätte mehr Vertrauen in die Verwandlungskraft haben können, die von Menschen entfesselt wird, die eifrig Profiten nachjagen.

Das 1968 sehr populäre Buch „Die Bevölkerungsbombe" versicherte uns, dass in den 1970er-Jahren eine Hungersnot Hunderte Millionen Menschen töten würde. Dazu kam es aber nicht, und zwar dank Norman Borlaug (der seinen Friedensnobelpreis wirklich verdient hat) und seinem Mexikoweizen – ganz zu schweigen von den landwirtschaftlichen Neuerern, die ihm über viele Jahrtausende vorausgegangen waren.

Die Leute, die überzeugt waren, der Höhepunkt der konventionellen globalen Ölförderung – auch „Peak Oil" genannt – werde unser Tod sein, irrten ebenfalls. Viele völlig rationale Menschen behaupteten Anfang unseres Jahrhunderts, die konventionelle Ölförderung habe ihren Höhepunkt bereits überschritten. Manche legten den Zeitpunkt irgendwo in die 1970er-Jahre, andere in die 1980er, die 1990er oder noch später.

Und was geschah dann? Eine Petro-Party! Das verstärkte Aufkommen des Frackings – eigentlich „hydraulic fracturing" – und von Horizontalbohrungen löste einen Boom der Schiefergas-Förderung aus. Vorreiter waren die Vereinigten Staaten – der gute alte Kapitalismus förderte Innovationen. Ähnliche Methoden wandten die Produzenten auf die Ölförderung an.

Das Ergebnis: Die nachgewiesenen Rohölreserven sind 2,6-mal so groß wie im Jahr 1980, die Erdgasreserven 2,8-mal so groß![7] Amerika ist der größte Ölproduzent der Welt. Technische Fortschritte haben es uns nicht nur ermöglicht, mehr Erdöl und Erdgas zu entdecken, sondern auch, beides an Orten zutage zu fördern, die man früher für nicht förderwürdig hielt.

Jedoch ist der Gesamtverbrauch im Laufe der Zeit im Schnitt weit *weniger* gestiegen – nur um 58 Prozent.[8] Wieso? Weil wir Möglichkeiten entwickelt haben, mit weniger Öl mehr zu bewirken. Im Jahr 1980 generierte die Weltwirtschaft mit tausend Barrel gefördertem Öl nur etwas mehr als 500.000 US-Dollar Bruttoinlandsprodukt. Bis 2022 stieg dieser Wert auf 2,8 Millionen Dollar![9] Innovation heizt die Effizienz an.

Raten Sie mal, was *nicht* gestiegen ist: der Ölpreis. Natürlich haben wir einige Hochs erlebt – zum Beispiel, als im Jahr 2022 die fürchterliche Invasion Russlands in die Ukraine Befürchtungen von Versorgungsengpässen entfachte (die nicht auftraten). Insgesamt hielten jedoch die erhöhte Effizienz und das reichliche Angebot die Preise im Zaum.

Heute drehen sich die meisten Peak-Oil-Argumente darum, dass die *Nachfrage* den Höhepunkt überschreitet, nicht das Angebot. Sie besagen, der Aufstieg der Elektrofahrzeuge könne die Investitionen in die Ölförderung zu versunkenen Kosten machen. Dies jedoch nur unter der Annahme, dass die Elektrofahrzeuge plötzlich dominierend werden – unter Einschluss von Flugzeugen, Schiffen und so weiter. Aber das wird so bald nicht passieren. Und selbst wenn die Nachfrage ein wenig zurückgeht, werden sich die Preise anpassen. Ich vermute, dass die Ölförderung – ungeachtet kurzfristiger Kursschwankungen – noch auf Jahre hinaus ein profitables und tragfähiges Geschäft bleiben wird. Wenn Sie also jemanden über Peak Oil reden hören – sei es hinsichtlich des Angebots oder der Nachfrage –, schreiben Sie das als Nonsens ab. Wenn Sie das nicht glauben, schauen Sie sich mal London an. Es ist nicht unter neun Fuß Pferdedung begraben.

Diese vom Profitstreben entfesselte Verwandlungskraft wird von Aktien verkörpert. Anleihen sind in Ordnung, aber sie repräsentieren keine künftigen Gewinne. Anleihen sind Verträge. Man kauft eine Anleihe und bekommt eine bestimmte Rendite – das war's. Aber die künftigen Gewinne steigen irgendwann, das haben sie immer getan und das werden sie immer tun – und das wird von den Aktien erfasst.

Denken Sie an das Mooresche Gesetz – die Vorstellung, dass sich die Anzahl der Transistoren auf einem integrierten Schaltkreis etwa alle zwei Jahre verdoppeln soll –, das sich der Intel-Mitgründer Gordon Moore 1965 ausgedacht hat. Auch wenn sein Niedergang schon of vorhergesagt wurde, so tuckert das Mooresche Gesetz immer noch munter dahin. In seinen ersten Schriften zu diesem Thema fasste Moore ins Auge, dass bis 1975 damals unfassbare 65.000 Transistoren auf einen Chip passen würden.[10] Jetzt peilen wir für das Jahr 2030 eine Billion an![11] Und dann gibt es noch das Shannon-Hartley-Theorem. Es besagt, dass auch die maximale Informationsübertragungsrate von Informationskanälen (denken Sie an Glasfaserkabel) exponentiell wächst.

Und was bedeutet das alles? Wir nehmen Fortschritte linear wahr, auch wenn sie in Wirklichkeit exponentiell verlaufen – und der Zusammenprall all dieser Technologien bedeutet, dass die Innovationen künftig noch schneller stattfinden werden, denn Technologien, die von Menschen, die einander nicht kennen, an weit verstreuten Orten ersonnen werden, treffen auf völlig unvorhersehbare Arten und Weisen zusammen, sodass neue Technologien oder Verfahren entstehen, die Leben retten oder das Leben verbessern.

Wenn Sie meinen, die heutigen Elektronikspielzeuge würden den Gipfel des menschlichen Erfindergeistes darstellen, werden Sie eines Besseren belehrt werden. Ich weiß zwar nicht, wann oder wie, aber das brauche ich auch gar nicht zu wissen – ich kann mir einfach Aktien kaufen und davon profitieren. Die Natur des Menschen hat sich nicht so sehr verändert, dass die Menschen nicht mehr durch den Eigennutz motiviert wären und ihren Erfindungsgeist nicht dafür einsetzen würden, Lösungen zu ersinnen, dank derer sie von Problemen profitieren können. Das war schon immer so. Und diejenigen, die am meisten von Innovationen profitieren, sind nicht die Technologen. Nein, es sind diejenigen, die lernen, die Innovationen zu verpacken, zu vermarkten und zu verkaufen – und ihre Aktionäre.

2

KURZREGELN FÜR DIE ASSET ALLOCATION

„Nehmen Sie 100 und ziehen Sie davon Ihr Alter ab. So viel Prozent Aktien sollten Sie haben. Ganz einfach!"

Menschen lieben Abkürzungen. Sogar bei der Geldanlage! Wir wollen glauben, es gebe einen leichteren Weg. Schauen Sie sich nur an, wie die Werbemaschen wuchern, mit denen man schnell abnehmen können soll. Und es gibt eine Million Pläne, nach denen man schnell reich werden können soll (die meisten davon sind Schwindel, mehr dazu in Kapitel 17).

Eine in Finanzplanerkreisen beliebte Faustregel ist die Idee, man könne 100 nehmen, sein Alter davon abziehen, und das ergibt dann, wie viel Prozent Aktien man haben sollte. Man kann diese Faustregel in Zeitschriften und Blogs nachlesen, und sogar manche Profis halten sich daran!

Davon gibt es auch Varianten, zum Beispiel, dass man 120 nehmen soll. (Es sollte einen bereits stutzig machen, wenn eine Regel eine Schwankung der Asset Allocation um 20 Prozent beinhaltet, je nachdem, an welche man sich hält.)

Diese Investment-Unweisheit hält sich, weil sie so einfach scheint. So konkret! So gradlinig. Sie ist eine schnelle und einfache Lösung für die sehr entscheidende Frage der Asset Allocation. Doch hüten Sie sich bei Ihrer langfristigen Finanzplanung vor allem, was schnell und leicht zu sein scheint. Grundsätzlich sollte man Investment-Faustregeln mit ernstem Zynismus betrachten oder gar völlig ignorieren.

Die kritische Entscheidung über die Asset Allocation

Langfristige Entscheidungen über die Aufteilung der Vermögenswerte sind wichtig. Heutzutage stimmen die meisten Anlageprofis darin überein, dass die Entscheidung über die langfristige Asset Allocation die wichtigste ist, die man als Anleger trifft. Viele verweisen auf eine wissenschaftliche Studie, die ergeben hat, dass rund 90 Prozent des Ertrags eines Portfolios im Laufe der Zeit der Asset Allocation zuzuschreiben sind – also der Mischung aus Aktien/Anleihen/Bargeld/sonstigen Wertpapieren.[1]

In meiner Firma gehen wir noch einen Schritt weiter. Man kann sich das vorstellen wie den Trichter in Abbildung 2.1. Wir sind überzeugt, dass 70 Prozent der Performance eines Portfolios von der Asset Allocation bestimmt sind – der Mischung aus Aktien, Anleihen, Bargeld und sonstigen Wertpapieren. Außerdem sind wir überzeugt, dass 20 Prozent der Performance eines Portfolios von der Sub-Asset Allocation bestimmt werden – der nachfolgenden Entscheidung über Wertpapier-Kategorien nach Größe, Stil, Land, Sektor, Branche, Bonitätsrating, Dauer etc. Die restlichen zehn Prozent der durchschnittlichen langfristigen Performance werden von der Auswahl der einzelnen Wertpapiere bestimmt, also beispielsweise, ob man Aktien von Pepsi oder Coca-Cola, Merck oder Pfizer beziehungsweise Anleihen von IBM oder Microsoft besitzt.

Abbildung 2.1 Die Auswirkungen der Asset Allocation - 70/20/10

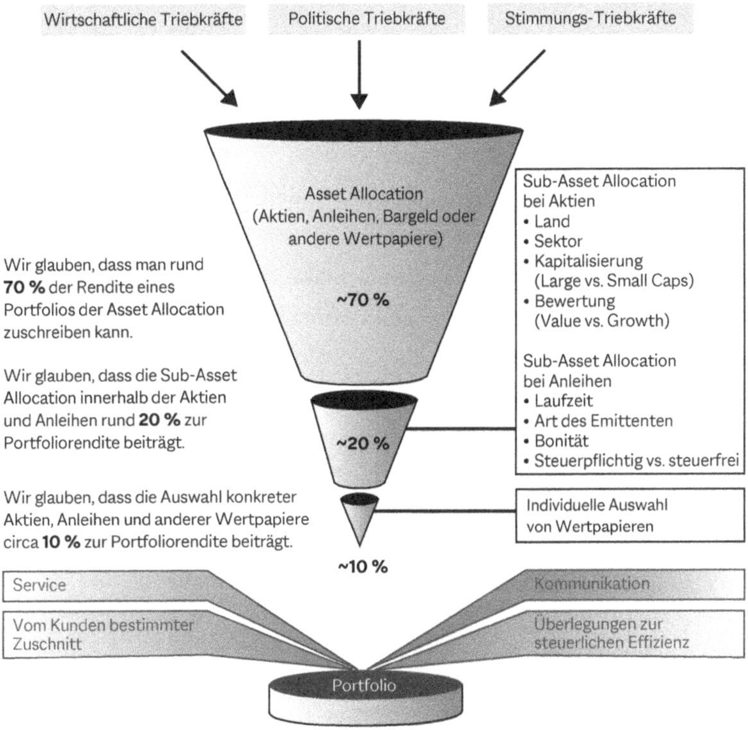

Auf jeden Fall behauptet kaum jemand, die Entscheidung über die Asset Allocation sei nicht entscheidend für den langfristigen Erfolg. Und warum sollte man sie dann auf eine vereinfachende Faustregel reduzieren? Menschen, die daran glauben, glauben, das Alter – und nur das Alter – sei der einzige maßgebliche Faktor. Nur eine Sache!

Dieses Nullachtfünfzehn-Denken geht davon aus, alle Menschen gleichen Alters seien gleich. Ich kann mir nur wenige Faustregeln vorstellen, die potenziell mehr Schaden anrichten können. Sie ignoriert beispielsweise die Ziele der Anleger, wie viel Cashflow sie jetzt oder in Zukunft vielleicht brauchen und wie viel Wachstum für ihre Ziele notwendig ist. Sie ignoriert die aktuellen Umstände, die Größe des

Portfolios und ob der Anleger noch arbeitet oder nicht. Sie ignoriert zahllose weitere Details, die nur für den betreffenden Anleger gelten. Und sie ignoriert den Ehepartner! Ich habe in meiner langen Karriere als professioneller Investor eine ganze Menge gelernt, aber eine der wohl wichtigsten Lektionen war: Vergiss nie den Ehepartner! Das ist auch für Ihr Privatleben eine gute Regel.

Ja, das Alter zählt durchaus. Es geht in den Zeithorizont der Anlage ein. Aber der Zeithorizont ist lediglich ein Faktor, den man neben anderen Faktoren und im Zusammenhang mit ihnen bedenken sollte, etwa den Renditeerwartungen, dem Cashflow-Bedarf, den aktuellen Umständen etc. (Wenn Sie mehr wissen wollen, siehe mein Buch aus dem Jahr 2012 mit dem Titel „Plan Your Prosperity".) Die erwähnte Faustregel ignoriert das alles per definitionem.

Den richtigen Zeithorizont finden

Sogar wenn ich Leute dazu bringen kann, nicht mehr über das Alter, sondern stattdessen über den Zeithorizont nachzudenken – und wenn ich sie dazu bringen kann, zu akzeptieren, dass der Zeithorizont zwar ein wichtiger Faktor, aber nur einer und nicht der einzige ist, der über die Asset Allocation bestimmt –, fassen sie den Zeithorizont allzu oft trotzdem falsch auf.

Die Leute stellen sich das oft so vor: „Ich bin 60. Ich möchte mit 65 in Rente gehen, also habe ich einen Zeithorizont von fünf Jahren." Sie meinen, der Zeithorizont würde sich bis zum Tag des Renteneintritts erstrecken, bis zu dem Tag, ab dem sie anfangen wollen, Cashflow zu entnehmen, oder bis zu irgendeinem anderen Meilenstein. In meinen Augen zieht einem das den Boden unter den Füßen weg und führt zu Fehlern. Noch schlimmer ist, dass solche Fehler vielleicht erst Jahre später sichtbar werden – und dann ist es oft schon zu spät, ernstlich etwas dagegen zu unternehmen.

Der Zeithorizont ist nicht der Zeitraum zwischen jetzt und irgendeinem markanten Termin. Der Zeithorizont gibt an, wie lange die Anlagen für einen arbeiten müssen. Bei vielen Privatanlegern ist das ihr ganzes Leben und das ihres Ehepartners. Vergessen Sie nie den Ehepartner.

Abbildung 2.2 zeigt die durchschnittliche Lebenserwartung in den Vereinigten Staaten und stammt direkt aus den versicherungsmathematischen Daten der Social Security Administration. Wenn Sie 60 Jahre alt und männlich sind, schätzt die Sozialversicherung, dass sich Ihre durchschnittliche restliche Lebenserwartung auf 20,5 Jahre beläuft. Wenn Sie 60 Jahre alt und weiblich sind, beträgt Ihre durchschnittliche restliche Lebenserwartung 23,7 Jahre.

Abbildung 2.2 Die Lebenserwartung steigt weiter an

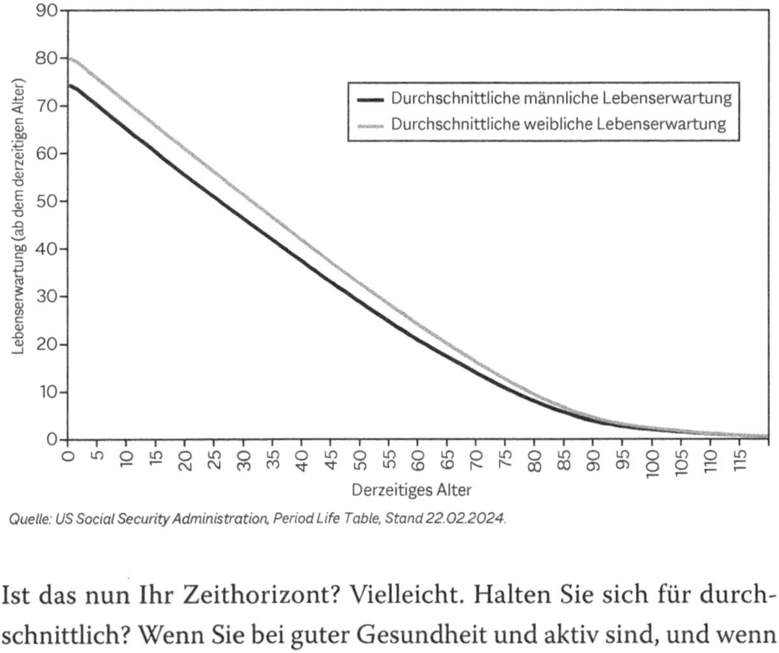

Quelle: US Social Security Administration, Period Life Table, Stand 22.02.2024.

Ist das nun Ihr Zeithorizont? Vielleicht. Halten Sie sich für durchschnittlich? Wenn Sie bei guter Gesundheit und aktiv sind, und wenn Sie noch lebende Eltern Ende 80 haben, dürften Sie locker darüberliegen – das könnte einen Zeithorizont von 30 Jahren oder länger bedeuten.

Es sei denn, Sie wären ein 60-jähriger Mann, der mit einer 55-jährigen Frau verheiratet ist – ebenfalls gesund und aktiv. Ihre beiden Eltern leben noch und sind über 80. Und ihre Großeltern sind in ihren 90ern gestorben – die Langlebigkeit liegt in ihrer DNA. Das ergibt einen möglichen Zeithorizont von 40 Jahren oder mehr – je nach Ihren sonstigen Zielen. Wenn Sie das Ziel haben, möglichst viel an Ihre Kinder weiterzugeben, möchten Sie vielleicht langfristiger als 40 Jahre denken. Wenn Sie das Ziel haben, nur Sie beide im Ruhestand zu versorgen, halten Sie sich eher an Ihre eigenen Lebenserwartungen.

Könnte es sein, dass Sie früher sterben, was Ihrer Planung einen Strich durch die Planung macht? Selbstverständlich. Aber wenn man mit viel Geld auf der Bank stirbt, hat das nichts mit schlechter Planung zu tun. Was man wirklich nicht will: einen Zeithorizont von 25 Jahren einplanen und mit 85 entdecken, dass das Geld fast alle ist. Das macht keinen Spaß. Und wenn Ihr Ehepartner 95 wird, wird ihm das überhaupt nicht gefallen – Altersarmut ist grausam.

Die heimtückischen Auswirkungen der Inflation

Es gehört zu den größeren Fehlern, die Anleger begehen, dass sie ihren Zeithorizont unterschätzen und nicht genug Wachstum für die Erreichung ihrer Ziele einplanen. Viele Anleger gehen davon aus, sie hätten keine hohen Wachstumsziele, aber dabei vergessen sie erstens, die Inflation zu bedenken, und zweitens, dass sich die Inflation *selbst in normalen Zeiten* nicht auf alle Kategorien gleich stark auswirkt.

Ja, von Ende 2021 bis in das Jahr 2023 hinein bekamen *alle* die Zähne der Inflation zu spüren. Es braucht aber gar keine hektischen Kurssprünge, um Ihrer Kaufkraft einen schweren Schlag versetzen. Nehmen wir an, derzeit brauchen Sie 50.000 Dollar, um Ihren Lebensunterhalt zu bestreiten. Wenn sich die Inflation annähernd an ihren langfristigen historischen Durchschnitt hält (rund 3,5 Prozent im Jahr), dann brauchen Sie in zehn Jahren mehr als 70.000 Dollar.[2] Und in 20 Jahren brauchen Sie fast genau 100.000 Dollar (siehe Abbildung 2.3).

Abbildung 2.3 Die Bewahrung der Kaufkraft

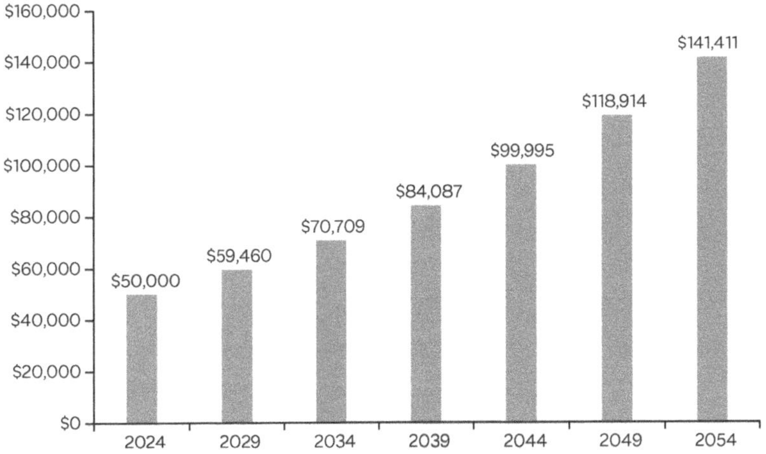

Quelle: Global Financial Data, Inc., Stand 23.05.2024. Die annualisierte Steigerungsrate des Verbraucherpreisindex vom 31.01.1947 bis zum 31.12.2024 betrug 3,0 Prozent.

Wenn Sie 60 Jahre alt und bei guter Gesundheit sind, könnten Sie durchaus noch 30 Jahre lang leben. Wenn Sie 50 sind und noch 30 Jahre leben würden, wäre das nicht weiter bemerkenswert. Um die Kaufkraft Ihrer 50.000 Dollar auch in 30 Jahren noch zu haben, bräuchten Sie 141.411 Dollar! Wenn Sie für Ihren Lebensunterhalt vollständig oder teilweise auf den Cashflow Ihres Portfolios zugreifen und einen langen Zeithorizont haben, brauchen Sie allein schon dafür ein gewisses Wachstum, dass Ihr Portfolio vermutlich dafür ausreicht, dass Ihr Cashflow mit der Inflation Schritt hält.

Aber wenn Sie 60 Jahre alt sind, wären laut der Faustregel nur 40 Prozent Ihres Portfolios in Aktien angelegt. Das würde die langfristige

Rendite ernstlich begrenzen. Wenn Sie Ihren Zeithorizont und Ihren Wachstumsbedarf unterschätzen, erhöhen Sie die Chancen, dass Ihr Portfolio nicht ausreicht, um den Cashflow abzuwerfen, auf den Sie gezählt hatten. Und wenn Sie das erst in 10 oder 20 Jahren merken, können Sie vielleicht nicht mehr viel dagegen tun.

Außerdem sollten Sie die Lebenserwartung ein bisschen höher und damit Ihren Zeithorizont ein bisschen länger ansetzen (falls Ihr Zeithorizont von Ihrer Lebenserwartung und/oder derjenigen Ihres Ehepartners bestimmt wird).

Warum? Die Lebenserwartung steigt immer noch! Bisher ist die Lebenserwartung in allen Jahrzehnten gestiegen. Neue Technologien und neue medizinische Erkenntnisse haben das längere Leben nicht nur möglich, sondern auch angenehmer gemacht. Wir haben nicht nur bessere Heil- und Behandlungsmethoden für viele Krankheiten, die früher als sofortige Todesurteile galten, sondern wir haben auch bessere Methoden für die Früherkennung von Krebs, Herzerkrankungen etc. Vergessen Sie auch nicht die Auswirkungen der Mobilität. Mobile Menschen leben länger – und sprunghafte Fortschritte bei Ersatzgelenken und Prothesen ermöglichen es den Menschen, viel länger mobil zu sein. Ein Körper, der sich bewegt, hat ein gesünderes Herz.

Und diese Innovationen werden in der Zeit, die vor uns liegt, wahrscheinlich nicht aufhören (aus Gründen, die in Kapitel 1 behandelt wurden). Das bedeutet, dass die Lebenserwartung sehr wahrscheinlich weiterhin steigt – und Ihr Zeithorizont sollte das berücksichtigen.

Außerdem ist der Zeithorizont, wie schon gesagt, nur einer der entscheidenden Gesichtspunkte bei der Festlegung der angemessenen langfristigen Asset Allocation. Er ist zwar ein wichtiger Faktor, aber nicht der einzige, und er muss zusammen mit den Renditeerwartungen, dem Cashflow-Bedarf, den aktuellen Umständen und anderen etwaigen einzigartigen persönlichen Faktoren bedacht werden. Dadurch wird die Bestimmung der Asset Allocation ausschließlich anhand des Alters zu einer Faustregel, die man in die Tonne treten kann.

3

VOLATILITÄT UND NUR VOLATILITÄT

„Die Volatilität ist das bedeutendste Risiko, mit dem Anleger konfrontiert sind.“

Schnell! Wenn ich „Anlagerisiko“ sage, was fällt Ihnen dazu ein? Bei den meisten Lesern ist das natürlich und instinktiv „Volatilität“.

Viele Anleger tun so, als seien Risiko und Volatilität austauschbar. Und oft sind sie das auch! Volatilität ist ein entscheidendes Risiko, das man als Anleger berücksichtigen sollte (auch wenn es, wie in Kapitel 1 besprochen, wichtig sein kann, welchen Zeitraum man betrachtet). Und die Volatilität ist dasjenige Risiko, das die Anleger meistens und über kürzere Zeiträume am heftigsten zu spüren bekommen.

Es kann einem den Atem rauben, wenn der Aktienanteil – ob er nun 100 oder nur 10 Prozent des Portfolios stellt – schnell 20 Prozent verliert, was ja bei Korrekturen passieren kann. Und noch aufreibender ist es, wenn man zusehen muss, wie er in einer großen Baisse 30 oder 40 Prozent abgibt. Letztendlich müssen Aktienanleger die Volatilität aushalten, denn die Finanztheorie besagt (und die Geschichte stützt das), dass man langfristig für diese Volatilität belohnt werden dürfte – und zwar mehr als bei anderen, weniger volatilen Anlageklassen.

Die Volatilität ist aber nicht das einzige Risiko, vor dem man als Anleger steht. Es gibt nämlich unzählige! Wie in Kapitel 1 besprochen, meinen die Menschen oft, Anleihen seien sicherer. Es gibt aber keine allgemein akzeptierte technische Definition von „sicher". Und keine Anleihe ist risikolos. Wer in Anleihen investiert, ist mit dem Ausfallrisiko konfrontiert, also der Gefahr, dass der Emittent der Schuldpapiere verspätet zahlt oder gar bankrottgeht! Das passiert sogar bei Firmen mit hohem Rating. Bei US-Schatzpapieren ist das Ausfallrisiko so niedrig, dass ihre Verzinsung von Profis oft als „risikolose" Rendite bezeichnet wird.

Das Zinsrisiko

Aber so ganz stimmt das nicht. Wieso nicht? Weil es auch ein Zinsrisiko gibt – es wirkt sich auf die eigene Rendite aus, wenn sich die Zinsen in die eine oder andere Richtung bewegen. Die Anleihepreise und die Zinsen bewegen sich in entgegengesetzte Richtungen – wenn man eine Anleihe mit drei Prozent Verzinsung besitzt und die Marktrendite einer anderen mit ähnlicher Restlaufzeit fünf Prozent beträgt, muss man beim Verkauf einen niedrigeren Preis akzeptieren, damit der Käufer auf das, was er bezahlt hat, eine Rendite von fünf Prozent bekommt. Dieses heimtückische, häufig übersehene Risiko versetzte im Jahr 2022 vielen Anlegern einen Schlag auf den Kopf. Nachdem die Zinsen fast vier Jahrzehnte lang auf ungewöhnliche Generationentiefs gefallen waren, zerschmetterte ein Zinssprung den Wert bestehender Anleiheportfolios. Fragen Sie mal jemanden aus der Chefetage der Silicon Valley Bank (SVB)! Wie Abbildung 3.1 zeigt, stiegen die Anleiherenditen steil an, als die Federal Reserve die Zinsen hochschraubte. Deshalb sackte der Wert des riesigen, aus „sicheren" US-Anleihen bestehenden Portfolios der SVB in den Keller. Die Manager hatten den Fehler gemacht, zu meinen, das sei ein sicherer, problemloser Ort, um ihre liquiden Anlagen zu parken. Doch dann mussten sie hohe Buchverluste in Kauf nehmen (und sie letztlich realisieren), als ihr Marktwert absackte. Sie begingen den einfachen, aber fatalen Fehler, zu vergessen, dass die Zinsen steigen können und es auch wirklich tun. Und das manchmal schnell!

Abbildung 3.1 Die Renditen 10-jähriger Schatzanleihen seit 1980

Quelle: Global Financial Data, Inc., Stand 28.02.2024, USA 10-Year Bond Constant Maturity Yield von 01.12.1979 bis 31.12.2023.

Nun spielten bei dem nachfolgenden Bank-Run, der die SVB vernichtete, ja noch andere Faktoren mit. Und vielleicht sagen Sie als Privatanleger: „Ja, die Zinsen können steigen, aber wen kümmern vorübergehende Preisschwankungen, wenn ich meine Anleihen einfach bis zur Fälligkeit halte." Das mag sein, aber zehn Jahre sind eine lange Zeit. Und 30 Jahre sind noch viel länger! Und wenn Sie verkaufen müssen, weil Sie Geld brauchen, kann schon eine kleine Zinsänderung Ihre Rendite schwer beeinträchtigen.

Abbildung 3.2 zeigt die Auswirkungen, die steigende Zinsen auf den Wert von 10-jährigen und 30-jährigen Anleihen von den derzeitigen (während ich dies schreibe, im März 2024) Niveaus aus haben könnten. Eine Zinserhöhung um einen Prozentpunkt im Laufe eines Jahres ist nichts Ungewöhnliches, und sie würde einen Rückgang Ihrer 10-jährigen Schatzanleihen um 3,6 Prozent (unter Berücksichtigung der Zinseinnahmen) implizieren – nicht das, was man von Anleihen erwartet. Eine Erhöhung um zwei Prozentpunkte würde bei einer 10-jährigen Anleihe einen Rendite-Rückgang um 10,4 Prozent bedeuten, bei einer 30-jährigen um 22,7 Prozent – und das, wie gesagt, unter Berücksichtigung der Zinseinnahmen.

Abbildung 3.2 Das Zinsrisiko

	Aktuelle Begebung 10-jähriger Schatzanleihen		Aktuelle Begebung 30-jähriger Schatzanleihen	
	US-Schatzanleihen 4,50%, 13.11.2032		US-Schatzanleihen 4,75%, 15.11.2052	
	Aktuelle Rückzahlungsrendite, 4,24%		Aktuelle Rückzahlungsrendite, 4,35%	
Potenzielle Änderung der Rückzahlungsrendite	Voraussichtliche Rendite	Implizite Gesamtrendite in 1 Jahr	Voraussichtliche Rendite	Implizite Gesamtrendite in 1 Jahr
400	7,89%	-22,33%	8,05%	-39,81%
300	6,89%	-16,66%	7,05%	-32,16%
200	5,89%	-10,44%	6,05%	-22,69%
100	4,89%	-3,61%	5,05%	-10,85%
50	4,39%	0,05%	4,55%	-3,84%
0	4,24%	3,89%	4,35%	4,05%
-50	3,39%	7,92%	3,55%	47,09%
-100	2,89%	12,14%	3,05%	22,95%
-200	1,89%	21,23%	2,05%	12,93%

Quelle: BarraOne, Stand 31.12.2023.

Sie halten das für unwahrscheinlich? Vielleicht. Aber Anfang 2022 hielten es die Menschen ebenfalls für unwahrscheinlich. Doch dann stieg die Rendite der 10-jährigen Schatzanweisung von 1,51 Prozent zu Jahresbeginn auf 3,88 Prozent zum Jahresende. Das Ergebnis war eine miese Rendite von -17 Prozent.[1] Die Rendite der 30-jährigen Anleihe sprang von 1,90 Prozent auf 3,97 Prozent, was eine richtig üble

Rendite von -33,8 Prozent zur Folge hatte.[2] Je mehr die Zinsen steigen, umso schlechter die Gesamtrendite.

Ich will damit nicht sagen, dass die Zinsen wieder in den zweistelligen Bereich steigen werden, den wir in den 1970er-Jahren und Anfang der 1980er-Jahren erlebt haben.

Die damaligen überzogenen Zinsen waren vor allem durch die katastrophale Geldpolitik der 1970er-Jahre (und die damit zusammenhängenden Preiskontrollen) bedingt. Wenigstens haben die Währungspolitiker der Vereinigten Staaten und der meisten anderen entwickelten Staaten ihre Lektion gelernt und nicht die gleichen Fehler wiederholt. Dafür haben sie andere gemacht, zum Beispiel die Wirtschaft mit Geld überschwemmt, als die Lockdowns die Möglichkeiten der Menschen, Geld auszugeben, einschränkten, und dadurch eine massive Inflation entfacht. Doch trotz allem ist der derzeitige Fed-Chef Jerome Powell nicht so schlimm wie die früheren schlicht katastrophalen Notenbankchefs (ähem, Arthur Burns). Aber er hat ja noch Zeit! Die Geschichte wird es zeigen. So dämlich Powell auch sein mag, so bezweifle ich doch, dass wir in ausreichend kurzer Zeit einen ausreichenden Zinssprung bekommen werden, um die 10-jährigen Zinsen sehr schnell über zehn Prozent zu treiben, jedenfalls nicht jetzt, wo die heißen Inflationskräfte noch deutlich im Rückspiegel zu sehen sind.

Was aber, wenn das Gegenteil geschieht? Zum ersten Mal seit langer Zeit besteht jetzt Spielraum dafür, dass die Zinsen steil *fallen* – was ebenfalls Risiken mit sich bringt.

Zum Beispiel fällt es Anlegern bei sinkenden Zinsen möglicherweise schwer, ihre Anlagen von fälligen Anleihen in Papiere vergleichbarer Qualität und mit ähnlicher Rendite umzuschichten. Während der gesamten 2010er-Jahre war dies der Fall. Wenn man im Jahr 2007 eine 10-jährige Anleihe mit einem fünfprozentigen Coupon gekauft hatte, blieb einem bei der Fälligkeit im Jahr 2017 nichts anderes übrig, als eine halb so hohe Verzinsung in Kauf zu nehmen.

Wenn man auf eine fünfprozentige Anleihe umsteigen wollte, bestand die Möglichkeit wahrscheinlich in einer Anleihe mit einem riskanteren Bonitätsprofil oder einer längeren Laufzeit – also darin, das Risiko hochzufahren. So oder so tauscht man nicht Äpfel gegen Äpfel.

Das Portfoliorisiko und das Ernährungsrisiko

Es gibt das Inflationsrisiko, das politische Risiko, das Wechselkursrisiko und das Liquiditätsrisiko. Und so weiter und so fort. Die Volatilität ist entschieden nicht das einzige Risiko, vor dem Anleger stehen.

Im Jahr 1997 habe ich zusammen mit meinem Freund und zeitweiligen Researchmitarbeiter Meir Statman (Glenn Klimek Professor of Finance an der Leavey School of Business der Santa Clara University) einen Artikel mit dem Titel „Mean-Variance-Optimization Puzzle: Security Portfolios and Food Portfolios" verfasst und im *Financial Analysts Journal* veröffentlicht.

Unsere Forschungen zeigen, dass es oft Parallelen zwischen der Art gibt, wie Menschen über Essen und über Geldanlage denken. Beim Essen wollen die Menschen viele Dinge auf einmal. Sie wollen sich nicht bloß ernähren, sondern sie wollen, dass die Nahrungsmittel gut aussehen und gut schmecken. Und sie wollen zur richtigen Tageszeit essen. Getreide ist ein Nahrungsmittel fürs Frühstück – es abends zu essen ist einfach traurig, egal wie sehr die Social-Media-Marketing-Teams von Big Cereal versuchen, #CerealForDinner zu einer großen Sache zu machen. Und Speisende wollen Prestige! Die Verpackung ist wichtig.

Was die Menschen von Nahrungsmitteln verlangen, kann sich schnell ändern. Und sie sehen es als Risiko, wenn sie zu einem bestimmten Zeitpunkt etwas haben wollen, aber glauben (oder befürchten), sie würden es nicht bekommen. Sie denken nicht an das, was sie bekommen. Ein Beispiel: Vielleicht sind sie gezwungen, abends Cerealien zu essen, weil nichts anderes im Haus ist. Es gefällt ihnen nicht, dass sie etwas in der falschen Reihenfolge essen, und sie fühlen sich deswegen dämlich. Am nächsten Tag bei der Arbeit geben sie es nicht zu! Das sind bereits zwei Risiken. Dabei denken sie nicht an das Bedürfnis, das erfüllt wird, also an die grundlegende Ernährung.

Und in welcher Beziehung steht das zur Geldanlage? Bei der Geldanlage nehmen die Menschen ebenso wie beim Essen häufig das als Risiko wahr, was sie zu einem bestimmten Zeitpunkt nicht bekommen – ganz egal, ob ihre anderen Ziele erfüllt werden. Vielleicht bekommt man von Anlegern Aussagen wie diese zu hören: „Ich will keine Volatilität nach unten!“ Sie spüren die Volatilität und wollen sich davor schützen. Wenn die Aktien dann jedoch über längere Zeit stark steigen, könnten sie das Gefühl bekommen, etwas zu verpassen – und Verpassen ist ebenfalls eine Art Risiko.

Wenn die Gelegenheit nicht an die Tür klopft

Dieses Risiko bezeichnet man als Opportunitätskosten – das Risiko, dass man jetzt Handlungen unternimmt oder unterlässt, sodass sich eine niedrigere Rendite als andernfalls ergibt. Und das kann tödlich sein.

Es könnte zum Beispiel sein, dass Sie zwar einen längeren Anlage-Zeithorizont haben, dass Sie sich aber vor allen Dingen Sorgen um die kurzfristige Volatilität und nicht um irgendwelche anderen Formen von Risiko machen. Dann halten Sie womöglich dauerhaft zu viele festverzinsliche Wertpapiere oder Bargeldäquivalente – mehr, als zu Ihren langfristigen Zielen passt. Da Sie kein ausreichendes Aktienengagement besitzen, bekommen Sie über Ihren längeren Zeithorizont wahrscheinlich eine geringere Rendite und erhöhen die Wahrscheinlichkeit, dass Sie Ihre langfristigen Ziele – worin auch immer sie bestehen – verfehlen, vielleicht sogar weit verfehlen.

Das kann wehtun, und zwar sehr. Insbesondere wenn Sie darauf angewiesen sind, dass Ihr Portfolio im Ruhestand einen Cashflow liefert. Wenn Sie einen bestimmten Cashflow einplanen, aber Ihr Portfolio über einen langen Zeitraum durch Opportunitätskosten beeinträchtigt wird, merken Sie womöglich, dass Sie gezwungen sind, Ihre Ausgaben herunterzuschrauben. Oder noch schlimmer, vielleicht merken Sie an Ihrem Lebensabend, dass es Ihnen an ausreichenden Mitteln für notwendige medizinische Versorgung fehlt.

Was die Opportunitätskosten so mörderisch macht, ist ihre Heimtücke. Ihre nachteiligen Auswirkungen sind womöglich für eine gewisse Zeit nicht offensichtlich. Ihr Zeithorizont beträgt vielleicht 20 oder 30 Jahre – oder noch mehr!

Wenn Sie in 20 Jahren zurückschauen und feststellen, dass Sie eine durchschnittliche Jahresrendite von neun oder zehn Prozent gebraucht hätten, dass aber Ihr Portfolio mit seiner geringeren kurzfristigen Volatilität viel weniger abgeworfen hat, dann ist das ein massiver Portfoliofehler, dem vielleicht einfach nicht mehr abzuhelfen ist. Es ist schwierig bis unmöglich, 20 Jahre zu niedriger Rendite wettzumachen. Wenn man mit 500.000 Dollar anfängt, beträgt der Unterschied zwischen einer durchschnittlichen Jahresrendite von sechs und einer von neun Prozent über 20 Jahre mehr als eine Million Dollar. Wenn Sie dann Bargeld entnehmen, sind die Kosten für die zu niedrigen Renditen ein schwerer Schlag. Um die Wahrscheinlichkeit zu senken, dass Ihnen vorzeitig das Geld ausgeht, müssen Sie vielleicht Ihre Ausgaben senken. Und das kann schwierig oder gar entmutigend sein, wenn man fest mit einem höheren Einkommen gerechnet hat, vor allem, wenn man bereits im Ruhestand ist oder kurz davorsteht – und noch schlimmer ist es, wenn auch Ihr Ehepartner mit diesem Einkommen gerechnet hat. Es ist schon schlimm genug, das zu ertragen, aber noch schlimmer ist es, das seinem Ehepartner zu erklären.

Und doch denken die meisten Anleger wahrscheinlich nicht groß über Opportunitätskosten nach. Jedenfalls normalerweise nicht. Meistens tauchen sie plötzlich als allgemeines Bedenken auf, wenn eine Hausse bereits eine Weile läuft und mit extremem Optimismus oder gar Euphorie einhergeht. Beispielsweise waren die Anleger Ende 1999 und im Jahr 2000 plötzlich scharf darauf, dem nächsten großen Ding nachzujagen. Die hohen Renditen der 1990er-Jahre ließen hohe Aktienrenditen leicht erscheinen – zu leicht. Sie wollten das Risiko hochschrauben, indem sie alle möglichen angesagten Technologie-Aktien kauften! Oh nein! Welche Opportunitätskosten wohl anfallen würden, wenn man nicht mit den neuesten Technologie-Börsengängen Day-Trading betreiben würde! Was dabei herausgekommen ist, wissen Sie ja.

Aber das Standardverhalten von Anlegern ist, dass sie sich vor allem auf die Volatilität und weniger oder gar nicht auf die Opportunitätskosten konzentrieren. Warum wird dieses sehr reale Risiko oft in die zweite Reihe verbannt? Warren Buffett hat den Spruch populär gemacht: „Man sollte gierig sein, wenn die anderen Angst haben, und ängstlich, wenn die anderen gierig sind." Erinnern Sie sich, dass wir aus komplexen Gründen, die tief in der Art wurzeln, wie sich unser Gehirn über Jahrtausende entwickelt hat, darauf programmiert sind, Verluste mehr zu fürchten, als wir uns über die Aussicht auf Gewinne freuen (siehe Kapitel 1). Und im Großen und Ganzen neigen die Anleger dazu, nicht an Haussen zu glauben, die noch im Gange sind.

Was natürlich verkehrt ist! Und doch werden mir die meisten Leser dieses Buches zustimmen, dass die Anleger insgesamt und im Durchschnitt dazu neigen, bullish zu sein, wenn sie eigentlich bearish sein müssten, und umgekehrt. Das heißt, wenn die Aktien etwa in 73,5 Prozent aller Kalenderjahre steigen, sind die Menschen öfter bearish als bullish – und sie spielen das Risiko der Opportunitätskosten herunter.

Tun Sie das nicht. Die Volatilität ist zwar ein entscheidendes Risiko, aber nicht das einzige. Für viele Anleger mit langem Zeithorizont kann es verheerender sein, wenn sie nicht genug Volatilität – also Opportunitätsrisiko – in Kauf nehmen.

4

VOLATILER DENN JE

„Die Aktien sind heute einfach volatiler."

Klingt das nach etwas, das Sie schon einmal gehört haben? Oder gelesen? Oder wovon Sie überzeugt sind?

Die Anleger neigen nicht nur dazu, sich vor allem auf die kurzfristige Volatilität zu konzentrieren (Kapitel 3). Oft befürchten sie auch, die Volatilität könnte steigen! Und es mag ihnen *vorkommen*, als wäre dem so. Im Jahr 2008 hatten wir eine große Baisse. Im Jahr 2020 hatten wir eine kleinere und schnellere, aber trotzdem furchterregende und dann im Jahr 2022 wieder eine. Manche sagen, das verstärkte Online-Trading der „Meme-Aktien"-Fans speise wildere Schwankungen. Oder sie sehen die gestiegene Marktmacht auffälliger Tech-Aktien als Ursache des Wirbels. Oder die Hebelwirkungen. Oder das algorithmische Trading. Oder dicke Trader-Finger auf engen Tastaturen. Oder was auch immer!

Glauben Sie das nicht – es ist ein Mythos.

Erstens ist die Volatilität selbst volatil. Es ist normal, dass es Zeiten höherer und geringerer Volatilität gibt. Zweitens ist es ein Fehlschluss, anzunehmen, höhere Volatilität würde Ärger verheißen. Drittens war die Volatilität der letzten Jahre (während ich dies schreibe) gar nicht so ungewöhnlich und bewegte sich klar im normalen historischen Bereich.

Die Volatilität geht auch nach oben

Ja, sicher, in letzter Zeit hatten wir einige volatile Jahre. Gemessen an der Standardabweichung (einer verbreiteten Kennzahl für die Volatilität) belegen die Jahre 2020 und 2022 in der Liste der volatilsten Jahre seit 1925 die Plätze 12 und 13 (bezogen auf US-Aktien, die ich im gesamten Kapitel wegen ihrer längeren Historie heranziehe).[1] Aber wir hatten auch eine ganze Reihe Jahre mit *unterdurchschnittlicher* Volatilität, unter anderem 2012, 2013, 2014, 2016, 2017, 2019 und 2021.

Schauen wir uns die beiden hochvolatilen Jahre einmal genauer an. Im Jahr 2022 betrug die Standardabweichung 22,0 Prozent, und die Aktien fielen um 18,1 Prozent.[2] Im Jahr 2020 war die Volatilität mit 24,8 Prozent etwas höher … aber diesmal *stiegen* die Aktien um 18,4 Prozent![3] (Bedenken Sie: So schlimm das Jahr 2020 grundsätzlich war, so stiegen doch nach der kurzen, anfänglichen, durch den Lockdown ausgelösten Baisse die Aktien.) Ähnlich hohe Volatilität, extrem unterschiedliche Renditen.

Wie kann das sein? Um das zu verstehen, müssen Sie ein paar Dinge bezüglich der Standardabweichung verstehen. Die Standardabweichung ist genau das, wonach sie sich anhört – ein Maß dafür, wie weit etwas von seinem Durchschnitt abweicht. Man kann sie verwenden, um die historische Volatilität von einzelnen Aktien, von Sektoren, vom Gesamtmarkt oder von allem zu messen, von dem man ausreichend viele Datenpunkte hat – Sonnentage in San Francisco oder Regentage in Portland. Eine niedrige Standardabweichung bedeutet, dass die Ergebnisse nicht sehr vom Durchschnitt abweichen. Eine höhere Standardabweichung bedeutet, dass es größere Schwankungen gegeben hat.

Zum Jahresende 2023 belief sich die annualisierte Standardabweichung des S&P 500 seit 1925 auf 15,3 Prozent.[4] (Berechnet anhand der Monatsrenditen. Man kann die Standardabweichung zwar auch aus Jahresrenditen berechnen, aber dann bekommt man weniger Datenpunkte. Man kann auch Tagesrenditen nehmen, aber ich weiß nicht recht, weshalb man das tun sollte. Die Branche verwendet meistens Monatsrenditen.) Dieser Zeitraum schließt allerdings die hochgradig volatilen Jahre der zwei Baissen der Großen Depression ein, was den Durchschnitt etwas in die Höhe treibt. Die mediane Standardabweichung seit 1925 beträgt 12,7 Prozent (siehe Abbildung 4.1). Somit lagen beide Jahre, 2020 und 2022, deutlich über dem Median. Das eine Jahr war für Aktien katastrophal, das andere turbulent, aber großartig.

Abbildung 4.1 Volatilität ist volatil – und normal

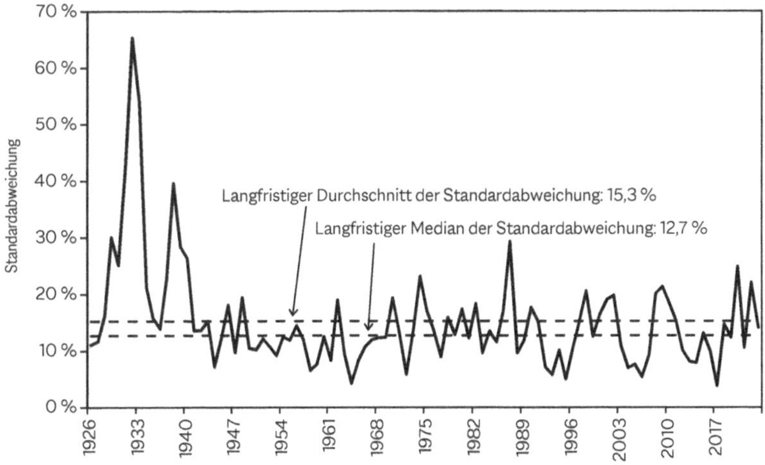

Quellen: Global Financial Data, Inc., Stand 03.01.2024, S&P Total Return Index von 31.12.1925 bis 31.12.2023.

Man sollte auch bedenken, dass die Standardabweichung prinzipiell in die Vergangenheit blickt. Sie ist zwar ein nützliches Werkzeug, aber sie sagt nichts darüber aus, wie volatil oder „unvolatil" etwas in der unmittelbaren Zukunft im Durchschnitt sein wird. Wie alle historischen Daten ist sie zwar ein nützlicher Anhaltspunkt – sie gibt einen Bereich dafür an, was vernünftigerweise zu erwarten ist –, aber ein Prognosewerkzeug ist die Volatilität niemals.

Eine Standardabweichung von null bedeutet, dass sich die Renditen historisch nie verändert haben – wie wenn man Geld unter die Matratze stopft (und die nagende Kraft der Inflation im Laufe der Zeit ignoriert). Um zu wissen, dass die Aktien in der Vergangenheit ganz schön volatil waren, braucht man keine Standardabweichung. Ich führe sie nur an, weil die Volatilität des Aktienmarkts selbst volatil ist. In manchen Jahren liegt die Volatilität des Marktes weit über dem Durchschnitt und in anderen Jahren weit unter dem Durchschnitt. Und in manchen Jahren kommt beides vor! Der Anfang ist enorm volatil und das Ende nicht, oder umgekehrt. Ein Durchschnitt ist eben ein Durchschnitt und darin sind riesige Schwankungen eingebaut.

Dazu kommt noch, dass die Aktien sowohl bei überdurchschnittlicher als auch bei unterdurchschnittlicher Volatilität sowohl steigen als auch fallen können. Da gibt es kein Vorhersagemuster.

Die Volatilität hat keine Vorhersagekraft

Das volatilste Jahr überhaupt war 1932, die Standardabweichung betrug damals 65,4 Prozent. Aber die Aktien fielen in jenem Jahr nur um 8,9 Prozent.[5] Das ist zwar nicht gerade toll, aber auch nicht die Katastrophe, die man von einer solch ungeheuren Volatilität erwarten könnte. Sie sagt aber lediglich aus, dass die monatlichen Renditen des Aktienmarktes in jenem Jahr wild geschwankt haben – was man vom letzten Jahr des ersten fallenden Abschnitts der Großen Depression auch erwarten würde.

Das zweitvolatilste Jahr überhaupt war 1933. Damals betrug die Standardabweichung 53,9 Prozent – aber die Aktien stiegen um massive 52,9 Prozent.[6] Das leuchtet ein, wenn man sich hinter die Ohren schreibt, was die Volatilität eigentlich ist – wie weit etwas von seinem Durchschnitt abweicht – und was sie nicht ist – etwas Schlechtes, das nur Verluste des Aktienmarkts misst.

Hohe Volatilität heißt nicht, dass die Aktien fallen müssten. Im Jahr 2009 betrug die Volatilität 21,3 Prozent. Das liegt zwar weit über dem Durchschnitt, aber die Aktien stiegen um 26,5 Prozent.[7] Im Jahr 1998 betrug die Standardabweichung 20,6 Prozent, und die Aktien stiegen um 28,6 Prozent.[8] Im Jahr 2010 betrug die Standardabweichung 18,4 Prozent, und die Aktien stiegen um 15,1 Prozent.[9]

Es stimmt schon, dass in Verlustjahren eine hohe Volatilität vorlag. Aber nicht immer und nicht so sehr, dass man sich vor überdurchschnittlicher Volatilität automatisch fürchten müsste. Und auch der Umkehrschluss gilt: Niedrige Volatilität ist nicht gleichbedeutend mit hohen Renditen. Im Jahr 1977 betrug die Standardabweichung unterdurchschnittliche 9,0 Prozent und die Aktien fielen um 7,4 Prozent – die Rendite war also mit derjenigen des Jahres 1932 beinahe identisch, aber die Volatilität war geringer.[10] Im Jahr 1953 betrug die Standardabweichung 9,2 Prozent und die Aktien fielen um 1,1 Prozent.[11] Im Jahr 2005 betrug die Standardabweichung niedrige 7,6 Prozent und auch die Aktienrenditen waren niedrig – nur 4,9 Prozent.[12]

Auch wenn sich die Standardabweichung im Bereich ihres langfristigen Medians bewegt (12 bis 14 Prozent), variieren die Renditen enorm. Im Jahr 2019 betrug die Standardabweichung 12,3 Prozent, und die US-amerikanischen Aktien boomten um 31,5 Prozent.[13] Im Jahr 2015 betrug die Standardabweichung 13,1 Prozent, und die US-Aktien stagnierten mehr oder weniger, sie stiegen nur um 1,4 Prozent.[14] Im Jahr 1973 betrug die Standardabweichung 13,7 Prozent, die US-amerikanischen Aktien fielen um 14,8 Prozent.[15]

Die Volatilität hat keine Vorhersagekraft, egal wie hoch sie ist. Vielmehr beschreibt die Standardabweichung die Vergangenheit – und die Vergangenheit diktiert nicht die Zukunft.

Die Volatilität ist volatil – und tendiert nicht nach oben

Volatilität ist also nicht vorhersagekräftig. Aber sie steigt auch nicht an. Hin und wieder verkünden Schlagzeilen eine Entwicklung, die die Volatilität „so hoch wie nie zuvor" erscheinen lässt. Erinnern Sie sich an das HFT-Getöse (HFT = High-Frequency Trading, zu Deutsch „Hochfrequenzhandel") der 2010er-Jahre? Damals schoben die Leute den in Millisekunden getätigten Maschinengewehr-Trades leistungsfähiger Computer die Schuld an der erhöhten Volatilität (und an dem berüchtigten Flash Crash im Mai 2010) in die Schuhe. Die Volatilitätsspitzen Anfang der 2020er brachten neue Bösewichte hervor, etwa „Meme-Stock"-Trader – Privatanleger, die Aktien über Social-Media-Kampagnen in die Höhe trieben. Andere sagen, der übergroße Einfluss von Big Tech auf die Märkte sorge für mehr Schwankungen. Aber wo ist der Beweis, dass die Volatilität steigt? Schauen Sie sich noch einmal Abbildung 4.1 an. Sicher, in den Jahren 2020 und 2022 war die Volatilität erhöht, aber diese höhere Volatilität fiel nach jedem Sprung schnell wieder zurück. Zudem lagen die Spitzen nicht außerhalb des Rahmens früherer Spitzen. Sie tendiert nicht nach oben – das sind die gleichen Schwankungen, die wir im Laufe der Geschichte erlebt haben.

Sehen Sie das einmal andersherum: Die Große Depression war äußerst volatil – nach oben und nach unten. Die Menschen stellen sich die Große Depression oft als lange Periode der Stagnation vor, aber das war sie nicht. Sie bestand aus zwei Rezessionen mit zwischenzeitlichem Wachstum sowie aus zwei riesengroßen Baissen mit einer riesigen Hausse dazwischen – der zweitgrößten der Geschichte.

Die damalige Volatilität hatte zahllose Ursachen. Eine war der verhältnismäßige Mangel an Liquidität und Transparenz. Es gab damals noch nicht so viele Aktien, nicht so viele Transaktionen und viel weniger Marktteilnehmer. Informationen verbreiteten sich langsamer, sodass die Preisfindung schwierig war. Außer bei den allergrößten

Aktien waren die Spreads zwischen Geld- und Briefkursen damals prozentual am Gesamtpreis deutlich größer als heute. Deshalb führten Verkäufe zum Geldkurs oder Käufe zum Briefkurs zu größeren prozentualen Bewegungen des Transaktionspreises. All das zusammengenommen ergab deutlich mehr Volatilität – unabhängig von anderen makroökonomischen Treibern (wie katastrophaler Geldpolitik, fiskalischen Fehlentscheidungen, haarsträubend schlechter Handelspolitik, einer miserablen Wirtschaft, massiver Unsicherheit, Hitlers Aufstieg, Huey Pierce Long und vielem mehr).

Auch heute sind dünn gehandelte Märkte im Allgemeinen volatiler – etwa Pennystocks, Micro Caps (das ist oft das Gleiche) oder Aktien aus sehr kleinen Schwellenländern. Da es heute ungeheuer viel mehr börsennotierte Aktien und Marktteilnehmer sowie ungeheuer viel mehr leicht und sofort verfügbare Informationen gibt, müssten die Märkte heutzutage eigentlich von sich aus weniger volatil sein als in den dünn gehandelten Zeiten der Großen Depression. Ich will damit nicht sagen, dass Sie nächste Woche aufwachen werden und die Aktien sich dann wie Anleihen verhalten werden. Nein! Und das wollen Sie ja auch gar nicht, wenn Sie wollen, dass sie langfristig höhere Erträge abwerfen. Vielmehr wird der Markt wohl weniger anfällig für die äußerst wilden Ausschläge, die wir damals und heute an dünn gehandelten Märkten erlebt haben und erleben.

Umarme einen Spekulanten

Ein weiterer beliebter und viel geschmähter Sündenbock für gestiegene Volatilität (ob sie nun wirklich stattfindet oder nicht) sind die Spekulanten.

Spekulanten sind nicht böse. Eigentlich sind Sie in gewissem Sinne ein Spekulant, sobald Sie eine Aktie kaufen! Selbst wenn Sie sie für sehr lange Zeit halten – ein Jahr, zehn Jahre, 50 Jahre: Wenn Sie eine Aktie kaufen oder leerverkaufen, spekulieren Sie darauf, dass sie irgendetwas tun wird. Und daran ist nichts verkehrt.

Aber das meinen die Leute normalerweise nicht, wenn sie von Spekulanten sprechen. Normalerweise meinen sie damit Futureshändler. Ein Futurekontrakt ist ein Vertrag über den Kauf oder Verkauf von irgendetwas zu einem vereinbarten Preis und einem vereinbarten künftigen Zeitpunkt – eines Rohstoffs, eines Aktienindex, eines Zinssatzes oder eines Wechselkurses, was auch immer. Im Endeffekt ist das eine Wette auf die künftige Preisentwicklung. Meist nehmen Spekulanten das, auf dessen Preis sie setzen, gar nicht in Besitz und wollen das nicht einmal! Sie spekulieren lediglich auf die künftige Preisbewegung – die Sojabohnen, Schweinebäuche, Devisen oder was auch immer wollen und brauchen sie gar nicht. Diejenigen, die Angst vor Spekulanten haben, finden das besonders unerhört.

Wenn der Ölpreis kräftig steigt, ist es fast garantiert, dass die Schlagzeilen den Spekulanten die Schuld daran geben – Menschen, die uns an der Nase herumführen, nur um das schnelle Geld zu verdienen. Aber eines begreifen sie dabei nicht: Spekulanten setzen nicht immer darauf, dass die Preise steigen. Oft setzen sie darauf, dass sie fallen. Und da die Spekulanten nicht als Gruppe zusammenarbeiten, spekulieren manche darauf, dass der Preis steigen wird, und exakt zur gleichen Zeit spekulieren andere darauf, dass er fallen wird. Spekulanten sind keine Finanzgenies, die ausschließlich auf unsere Kosten Gewinn machen. Sie können Geld verlieren und tun das auch – wie jeder Anleger auch.

Wenn hingegen die Preise fallen, hört man (gewöhnlich) nicht, dass jemand den Spekulanten die Schuld gibt, obwohl die Spekulanten wahrscheinlich für Ausschläge nach unten genauso verantwortlich sind wie für Ausschläge nach oben (also nicht besonders).

Zudem gibt es ungezählte legitime Gründe, mit Futures zu handeln. Unternehmen benutzen sie ständig, um die Kosten für ihren Bedarf an volatilen Rohstoffen zu glätten. Fluggesellschaften kaufen oft

Treibstofffutures, um die Kosten für die Passagiere zu glätten – und Ihnen gefällt es doch bestimmt, wenn die Preise für Flugtickets nicht extrem schwanken. Auch Farmer kaufen Futures! Sie brauchen Futtergetreide, Düngemittel, Treibstoff und andere Rohstoffe, und ihre Gewinnspannen können von scharfen Preisausschlägen stark beeinträchtigt werden – und Rohstoffe sind ja für solche Ausschläge anfällig. Wenn Sie an einen Futureshändler denken, beschwört dies vielleicht nicht gerade das Gemälde „American Gothic“ herauf, aber vielleicht sollte es das!

Die Futurekontrakte und die Spekulanten spielen an den Kapitalmärkten eine wichtige Rolle. Sie steigern die Liquidität. Außerdem erhöhen sie die Transparenz und beschleunigen die Preisfindung – was beides ebenfalls gut ist. Oft übersehen die Menschen den Vorteil höherer Liquidität – aber wie gesagt, allein die Tatsache, dass mehr Transaktionen stattfinden, kann die Volatilität konkret reduzieren.

Das lässt sich beweisen, und zwar anhand von Zwiebeln. Im Jahr 1958 überzeugten Zwiebelfarmer einen Kongressabgeordneten aus Michigan namens Gerald Ford (den späteren Präsidenten) davon, die Spekulanten würden den Zwiebelmarkt ruinieren und die Preise drücken. Er unterstützte einen Gesetzentwurf, der dann verabschiedet wurde (und bis heute Gesetz ist) und die Spekulation mit Zwiebeln verbot.

War danach am Zwiebelmarkt alles eitel Sonnenschein? Nicht wirklich. Wenn Sie meinen, der Ölpreis sei volatil, haben Sie sich noch nie die Zwiebelpreise angesehen. Abbildung 4.2 zeigt den Ölpreis und den Zwiebelpreis – schon bei flüchtigem Hinschauen sieht man, dass die Auf- und Abschwünge am Zwiebelmarkt viel größer und häufiger sind. Dazu eine Anmerkung: Vielleicht erkennen Sie in den Preisdaten eine Lücke von April 2013 bis März 2014. Das US-Landwirtschaftsministerium, das diese Daten erhebt, hat die damaligen nicht veröffentlicht. Vielleicht hatten die Mitarbeiter zu viele Tränen in den Augen, um sie eintippen zu können. Ich weiß es nicht. Aber das ändert an den Schlussfolgerungen nichts.

Abbildung 4.2 Volatile Zwiebeln

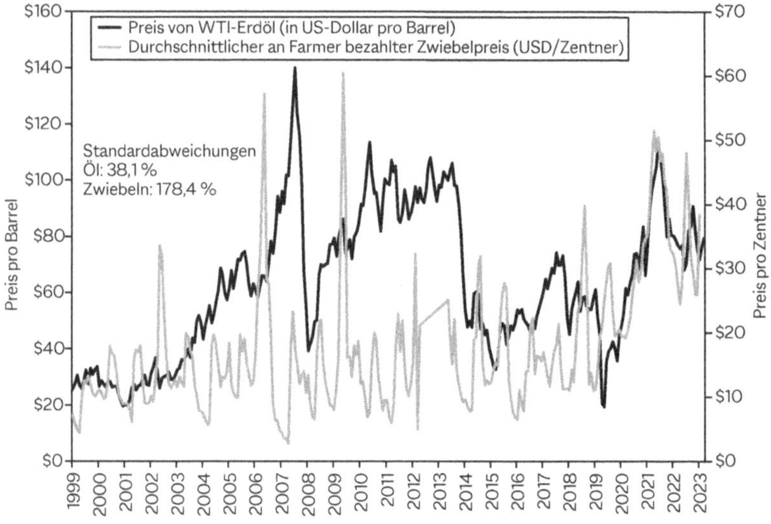

Quelle: Global Financial Data, Inc, Stand 03.06.2024, West Texas Intermediate Oil Price (US$/Barrel) and Onions, Average Price to Farmers (USD/CWT) von 31.12.1992 bis 31.12.2023.

Trauen Sie nicht ausschließlich Ihren Augen. Sie können auch die Standardabweichung messen. Die Standardabweichung des Ölpreises von 2000 bis Februar 2024 betrug 38,1 Prozent, aber die des Zwiebelpreises 178,4 Prozent! (Kompliment an Mark J. Perry und John Stossel).

Denken Sie daran, wenn Ihnen wieder jemand sagt, das Heilmittel für die Krankheiten des Marktes sei das Verbot von Spekulanten. Eine solche Maßnahme würde die Volatilität nicht unbedingt senken, sondern könnte sie sogar erhöhen – außerdem würde sie die Transparenz mindern und die Preisfindung verlangsamen. (Politiker können nicht und werden nie verstehen, wie die freie Marktwirtschaft funktioniert. Ich bin überzeugt, das liegt an einem Virus, der in den ersten 12 bis 24 Monaten nach ihrer Wahl in ein wichtiges Amt einen Teil ihres Gehirns zerstört.) Also bedanken Sie sich beim Spekulanten und haben Sie keine Angst vor der Volatilität. Sie hat keine Vorhersagekraft, sie kann nach oben gehen, ohne dass sie nach unten geht, und im Laufe der Zeit geht sie öfter nach oben. Heißen Sie sie freundlich willkommen.

5

DER HEILIGE GRAL – DIE BEWAHRUNG UND MEHRUNG DES KAPITALS

„Man kann das Kapital gleichzeitig bewahren und vermehren!“

Wenn Ihnen jemand eine Strategie der „Bewahrung und Mehrung von Kapital“ schenken würde, würden Sie sie annehmen? Klingt ja ganz gut. Wer möchte nicht alle Vorteile von Kapitalwachstum in der Art von Aktien bei gleichzeitiger Absicherung des Kapitals gegen Verlust? Und beides gleichzeitig!

Und wer möchte nicht jeden Abend ein Rib-Eye-Steak und danach einen Eisbecher essen, aber nie zunehmen?

Mit der Idee, man könnte die Kapitalerhaltung und sein Wachstum gleichzeitig als einheitliches Ziel anstreben, ist es nicht anders als mit der Vorstellung eines kalorienarmen, fettlosen Abendessens mit Rib-Eye-Steak und Eisbecher ohne Schuldgefühle: Sie ist ein Märchen.

Für die Kapitalbewahrung wäre gar keine Volatilität nötig ...

Klären wir als Erstes ein paar gängige Fehlauffassungen bezüglich der Vermögensbewahrung auf. Wahrscheinlich taugt dieses Ziel für weniger Menschen, als man meint. Und wenn Sie meinen, Sie würden das auf lange Sicht wollen (oder brauchen), dann fragen Sie sich, warum. Wahre Kapitalbewahrung bedeutet, dass der absolute Wert des Portfolios niemals fallen darf.

Und um diese wahre Kapitalerhaltung zu erzielen, muss man möglichst das gesamte Volatilitätsrisiko beseitigen. (Wie in Kapitel 3 besprochen, ist die Volatilität aber nicht das einzige Risiko, das man als Anleger bedenken muss.) Doch wenn man das Volatilitätsrisiko beseitigt, umgeht man nicht nur die Zeiten, in denen die Aktien fallen, sondern auch die 73,5 Prozent aller Jahre, in denen die Aktien steigen! Im Endeffekt ist man dann auf Bargeldinstrumente und Bargeldäquivalente beschränkt, und das bedeutet, dass die Kaufkraft wahrscheinlich im Laufe der Zeit durch die Inflation aufgezehrt wird.

Natürlich könnte man eine bessere Rendite als mit Bargeld erzielen, wenn man in Schatzanleihen investieren würde. Aber wenn man das richtig macht, gibt man einen Teil seiner Flexibilität auf. Wie kommt das? Schatzanleihen unterliegen Preisschwankungen und es gibt kürzere Zeiten mit negativen Renditen (siehe wiederum Kapitel 3). Das heißt, wenn man Schatzanleihen vor dem Ende ihrer Laufzeit verkauft, kann man damit Verlust machen. (Ja, das ist das Gegenteil einer Strategie der Kapitalerhaltung.) Damit man mithilfe von Schatzanleihen sein Kapital bewahren kann, muss man sie daher wahrscheinlich bis zur Fälligkeit halten.

Aber diese Strategie kann immer noch hinter der Inflation zurückbleiben. Im langjährigen Durchschnitt beträgt die Inflation 3,5 Prozent.[1] Während ich dies schreibe, betragen die Zinsen auf 10-jährige Schatzanleihen 4,22 Prozent und die auf 30-jährige 4,35 Prozent.[2]

Das heißt, wenn Sie Ihr Vermögen jetzt für 10 oder 30 Jahre fest anlegen, überholen Sie also vielleicht die Inflation. Vielleicht aber auch nicht! Wenn die Zinsen langfristiger Anleihen auf das Niveau von 2010 zurückfallen, könnten bereits kleinere Anstiege der Verbraucherpreise den gesamten Zinscoupon aufzehren. Und wenn Sie die Papiere nicht bis zum Laufzeitende halten, können Sie, wie gesagt, einen Verlust erleiden.

Das ist Kapitalbewahrung – die Abwesenheit des Volatilitätsrisikos. Und das bedeutet, dass wahre Kapitalbewahrung für Anleger mit langem Zeithorizont meistens nicht geeignet ist.

... aber für Wachstum schon!

Auf der anderen Seite ist für Wachstum – auch für leichtes Wachstum – durchaus ein gewisses Volatilitätsrisiko nötig. Das ist das Gegenteil der Kapitalerhaltung. Ich kann es gar nicht oft genug sagen: Ohne Volatilität nach unten gibt es keine Volatilität nach oben. Und wie in Kapitel 1 gezeigt, findet Volatilität nach oben öfter (in 73,5 Prozent aller Kalenderjahre) und in größerem Maße statt, auch wenn sich unsere Gehirne nicht in dieser Form daran erinnern.

Das bedeutet, dass man ganz einfach nicht als einheitliches Ziel die Bewahrung und das Wachstum des Kapitals anstreben kann. Das wäre logisch unmöglich. Es gibt keine Volatilität nach oben ohne Volatilität nach unten. Wenn Ihnen jemand etwas anderes erzählt, lügt er Sie an. Vielleicht unabsichtlich, und das ist schlimm. Vielleicht auch absichtlich, und das ist noch schlimmer! Je mehr Wachstum Sie brauchen, um Ihre Ziele zu erreichen, umso mehr kurzfristige Volatilität sollten Sie erwarten. Daran führt kein Weg vorbei. Akzeptieren Sie das gleich jetzt, dann geraten Ihre Erwartungen nicht aus dem Lot. (Und Erwartungen, die aus dem Lot sind, können wirklich großen Schaden anrichten – siehe Kapitel 17.)

Und ja, hohe kurzfristige Volatilität kann schwer zu ertragen sein – aus diesem Grund erreichen viele Anleger ihre langfristigen Ziele nicht, weil sie stets zu den falschen Zeiten ein- und wieder aussteigen.

Lassen Sie mich das einmal für einen Moment scheinbar umdrehen: Die Erhaltung und das Wachstum als einheitliches, kombiniertes Ziel kann man nicht haben. Aber sehr wahrscheinlich kann man als Ergebnis eines langfristigen Wachstumsziels sein Kapital auf lange Sicht bewahren.

Wie in Kapitel 1 gezeigt, haben sich die Aktien über rollierende 20-Jahres-Zeiträume noch nie negativ entwickelt (und sie haben die Anleihen fast immer mit großem Abstand übertroffen). Die Vergangenheit ist zwar nie eine Garantie für die Zukunft, aber sie sagt einem, ob es vernünftig ist, etwas Bestimmtes zu erwarten. Die Natur des Menschen hat sich bisher nicht so sehr geändert und wird sich auch während Ihrer Lebenszeit (oder derjenigen Ihrer Kinder und Kindeskinder über viele Jahrtausende) nicht so sehr ändern, dass die Macht der Motivation durch Profit abnimmt. Daher ist es an sich sehr wahrscheinlich, dass die Aktien noch über einen sehr langen vor uns liegenden Zeitraum überlegene Renditen abwerfen werden.

Und daher ist es sehr wahrscheinlich, dass Ihr gut diversifiziertes Aktienportfolio nach Ablauf der nächsten 20 Jahre gewachsen sein wird – vielleicht sogar stark. Vielleicht hat es sich verdoppelt, verdreifacht oder so. Somit haben Sie Ihr Kapital gemehrt und bewahrt, während Sie unterwegs Volatilität erlebt haben.

Ja, Sie werden kürzere Zeiträume mit negativen Erträgen durchgemacht haben. Und ja, zu manchen Zeiten ist Ihr Portfolio vielleicht unter seinen Anfangswert gefallen. Doch über längere Zeiträume gesehen, sind die Karten massiv zu Ihren Gunsten gemischt, sodass Sie Wachstum bekommen und somit auch Ihr Kapital bewahren werden. Wenn Sie hingegen die Kapitalbewahrung als Ziel anstreben, haben Sie nach 20 Jahren wahrscheinlich nicht viel mehr als Ihren Anfangswert.

Und das bedeutet, dass jeder, der Ihnen Kapitalerhaltung und Wachstum als einheitliches, kombiniertes Ziel verkauft, entweder keine Ahnung von Finanztheorie hat oder versucht, Sie hereinzulegen. Und beides ist schlecht.

6

DER CRASH WEGEN DER DISKREPANZ ZWISCHEN BIP UND BÖRSE

„Die Aktien müssen einen Crash erleiden, weil sie dem BIP davonlaufen!“

Hin und wieder poltert ein Fachmann im Fernsehen, die Renditen der Aktien seien nicht mehr tragbar und müssten irgendwann zusammenbrechen, weil sie der Wachstumsrate des US-Bruttoinlandsprodukts mit Abstand davonlaufen. Das stimmt sogar! Langfristig betrug das BIP-Wachstum in den Vereinigten Staaten circa drei Prozent [1], aber die US-Aktien haben annualisiert um zehn Prozent zugelegt. [2] Dazwischen klafft eine große Lücke.

Und wenn Sie (wie so viele) der Meinung sind, mit der Zeit müssten die beiden Wachstumsraten grob zusammenfallen, könnten Sie befürchten, die Spanne zwischen ihnen würde gewissermaßen Phantomrenditen darstellen. Wenn die Produktion unseres Landes im Schnitt um drei Prozent im Jahr wächst, woher zum Teufel kommt dann die zusätzliche Rendite? Selbst wenn Sie stattdessen das nominale BIP betrachten, um der Tatsache Rechnung zu tragen, dass die Aktienrenditen nicht inflationsbereinigt sind, bleibt es dabei. Betrachtet man die Kluft auf diese (unrichtige) Weise, ist sie besorgniserregend. Um diese über viele Jahre aufgelaufene Kluft zu schließen, müssten die Aktien schon sehr weit einbrechen. Hoppla!

Bloß dass die Aktienrenditen und das BIP-Wachstum nicht miteinander verknüpft sind. Sie fallen deshalb nicht zusammen, weil sie nicht zusammenfallen sollten. Die Aktien können, sollten und werden wahrscheinlich auch weiterhin im Schnitt jährlich eine deutlich höhere Rendite bringen als das BIP-Wachstum. Und wenn man darüber nachdenkt, was das BIP ist und was Aktien sind, leuchtet das auch ein.

Das BIP misst den Ausstoß, nicht den Gesundheitszustand der Wirtschaft

Das BIP ist ein Versuch, den landesweiten Ausstoß zu messen – wenn auch ein wackeliger und unvollkommener. Er ist auf Erhebungen und Annahmen aufgebaut und wird häufig neu angegeben – oft noch nach Jahren. Es misst weder die nationalen Vermögenswerte noch das nationale Vermögen und versucht das auch gar nicht. Vielmehr gibt es den normalen wirtschaftlichen Fluss an.

Sehen Sie das einmal so: Ende 2023 betrug das BIP der Vereinigten Staaten rund 27,9 Billionen (heutige) Dollar.[3] Wenn das BIP-Wachstum für das Gesamtjahr 2024 gleich null wäre (unwahrscheinlich), betrüge das BIP ... immer noch rund 27,9 Billionen Dollar. Wenn das BIP-Wachstum der Vereinigten Staaten fünf Jahre lang glatt stagnieren würde (was unwahrscheinlich und bizarr wäre), hätten sie am Ende der fünf Jahre trotzdem einen Ausstoß von 139,5 Billionen Dollar in die Welt gesetzt.

Und auch wenn viele Menschen das meinen, spiegelt das BIP das Wohlergehen der Wirtschaft nicht vollkommen wider. Grundsätzlich berechnet es sich so:

BIP = Private Konsumausgaben + Bruttoinvestitionen + Staatsausgaben + Außenbeitrag (Export – Import)

Die *Bruttoinvestitionen* sind gewerbliche Investitionen (man kann sich das als Unternehmensausgaben vorstellen) plus private Investitionen plus Änderungen der Vorräte.

Da das BIP den Außenbeitrag enthält und die Vereinigten Staaten seit Jahrzehnten ein Nettoimporteur sind, macht uns das ständig einen Strich durch die Rechnung. Die Berechnung strebt an, den Verbrauch von Einfuhren zu eliminieren, dieser wird an anderer Stelle des BIPs erfasst. Das ist angesichts der Tatsache ganz in Ordnung, dass das BIP eine auf ein Land bezogene Kennzahl ist, aber es speist auch die Defizitsorgen. Wenn man mehr importiert als exportiert, geht das zwar vom Ausstoß ab, aber das ist nicht unbedingt schlimm. Man kann es sogar als Zeichen der wirtschaftlichen Gesundheit sehen! Es gibt große entwickelte Länder, die Nettoimporteure sind (etwa die Vereinigten Staaten und Großbritannien) und höhere jährliche Wachstumsraten haben als Nettoexporteure (etwa Deutschland und die Schweiz). Und schrumpfende Importe sind nicht gut. Wenn die Importe im Verhältnis zu den Exporten radikal fallen würden, dann würde das sogar das BIP vergrößern. Aber so etwas ist wahrscheinlich ein Anzeichen für schwere Probleme, etwa dass in einer Rezession die Nachfrage einbricht.

Außerdem sind viele Waren, die wir importieren, Zwischenprodukte. Sie werden mit Waren kombiniert, die hier oder andernorts gefertigt wurden, und dann hier oder im Ausland verkauft (wodurch sie einen Beitrag zum BIP leisten). Und wenn US-Firmen, die sich ein Produkt ausdenken und es dann verpacken, vermarkten und verkaufen, dafür billigere Wareneingänge importieren können, erhöht das ihre Gewinnspannen und somit den Shareholder-Value (zu dem wir bald kommen werden). Ach ja, das ermöglicht es den US-amerikanischen Verbrauchern außerdem, Produkte von höherer Qualität billiger zu kaufen. Aber die BIP-Erbsenzähler können diesen Nutzen nicht erfassen.

Sinkende Staatsausgaben sind gut, nicht schlecht

Sinkende Staatsausgaben senken also das BIP. Aber schrumpfende Staatsausgaben sind nicht zwangsläufig negativ. Wenn man einen längerfristigen Standpunkt einnimmt, können sie sogar positiv sein!

Überhöhte Staatsausgaben verdrängen den Privatsektor – der Kapital weitaus klüger und effizienter einsetzt als jede Regierung. Denn wenn ein Unternehmen Geld ausgibt, stammt dieses Kapital aus Gewinn oder aus einem Kredit. Führt diese Ausgabe später nicht zu höheren Gewinnen, geht das Unternehmen letztlich unter. Das ist schöpferische Zerstörung – und eine mächtige Kraft zum Wohl der Gesellschaft.

Der Staat unterliegt hingegen nicht den Kräften der schöpferischen Zerstörung. Wenn der Staat Geld ausgibt, holt er es sich zunächst einmal von Ihnen und mir. Und dann können Sie und ich dieses Geld nicht mehr klug für Dinge ausgeben, die wir brauchen oder wollen. Wir können es auch nicht mehr für die Gründung eines neuen Unternehmens ausgeben. Oder ein Unternehmen kann es nicht mehr ausgeben, um tolle neue Produkte zu erforschen, seine Anlagen aufzurüsten, Arbeitskräfte einzustellen und so weiter und so fort. Der Staat nimmt also Privatpersonen und Firmen das Geld weg, die es klug ausgeben, indem sie ihre Eigeninteressen verfolgen. Dann spielt er ein bisschen damit herum und gibt es für etwas aus, dessen Wert zweifelhaft ist.

Wenn der Staat das Geld schlecht ausgibt (was er oft tut), geht er nicht pleite. Und wenn er später wieder Geld braucht, braucht er nichts von Wert zu schaffen, das Profit generiert. Er verlangt von uns einfach mehr Steuern! (Jedes Privatunternehmen, das so arbeiten würde, wäre pleite, bevor ich diesen Satz fertig tippen könnte.)

Wenn die Politiker das Geld so richtig schlecht ausgeben, verlieren manche von ihnen vielleicht bei der nächsten Wahl ihren Job. Aber dann werden sie einfach durch andere Politiker ersetzt, die ebenfalls nicht im Entferntesten die finanzielle Rechenschaft ablegen müssen wie Sie oder ich oder ein Privatunternehmen. Und wenn Politiker das Geld wirklich, wirklich schlecht ausgeben, werden sie vielleicht Vorsitzender des Haushaltsausschusses.

Bedenken Sie das, wenn Ihnen das nächste Mal Schlagzeilen über ein Land oder eine Volkswirtschaft ins Gesicht springen, das oder die von einem Schuldenberg niedergedrückt wird – wie etwa Anfang der 2010er-Jahre Spanien, Griechenland, Portugal und Italien. Normalerweise sind nicht die Schulden an sich das Problem. Es gibt keine Schuldenmenge, die an sich richtig oder falsch oder erwiesenermaßen problematisch wäre (siehe Kapitel 13). Das Problem dieser Länder sind Jahrzehnte mit zu viel *Staat*.

Zu weit und zu schnell?

Damit kommen wir zu Aktien. Aber haben Sie noch einen Moment Geduld, bevor wir uns ansehen, was Aktien eigentlich sind, und lassen Sie uns erst noch ein weiteres Missverständnis ausräumen. Eine Variante dieses BIP-Aktien-Missverhältnisses lautet, dass Aktien zu weit und zu schnell gestiegen seien – und was steigt, müsse fallen. Typischerweise verweisen diejenigen, die dieses Argument vorbringen, auf einen Chart ähnlich Abbildung 6.1, die die Gesamtrenditen des S&P 500 im Zeitverlauf zeigt.

Es sieht aus, als verzeichneten die Aktien im Laufe der Geschichte ziemlich stetige Erträge. Und dann sind die Aktien etwa ab Mitte der 1980er-Jahre richtig durchgestartet. Dann, gegen Ende der 1990er-Jahre, wurde die Sache völlig verrückt und untragbar. Danach hatten wir zwei große Baissen – die in diesem Chart massiv aussehen –, die womöglich die schlimmsten Befürchtungen derjenigen bestätigt haben, die meinten, die Aktien seien zu weit und zu schnell gestiegen.

Abbildung 6.1 Aktienerträge in den Vereinigten Staaten, linear – der Schein trügt

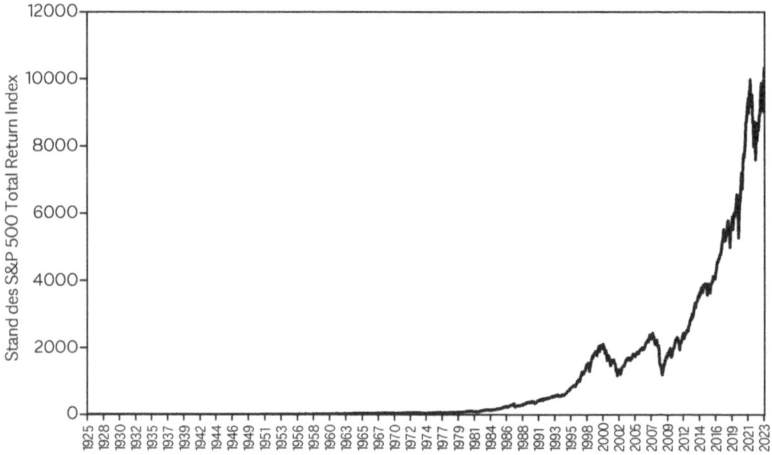

Quelle: Global Financial Data, Inc., Stand 04.03.2024, S&P 500 Total Return Index von 31.12.1925 bis 31.12.2023.

Aber jetzt, seit 2009, haben die Aktien *wirklich* durchgedreht – jedenfalls laut dem Chart. Er zeigt in den 2010er-Jahren himmelstürmende Renditen und dann in den 2020er-Jahren zwei massive Baissen, umrahmt von annähernd vertikalen Booms. Ein Markt, der immer volatiler wird, mit spekulativen Spitzen und schmerzhaften Perioden als wohlverdiente Strafe – richtig?

Schauen Sie genauer hin. Der Bärenmarkt von 2022 wirkt enorm, doch in Wirklichkeit war das bloß ein Bärenjunges – mit einem Minus von 24,5 Prozent knackte der S&P 500 kaum die 20-Prozent-Marke, die üblicherweise zur Definition von Bärenmärkten herangezogen wird.[4] Und dann schauen Sie sich das Jahr 1929 im Chart an. Kaum ein Ausschlag! Seltsam. Doch Sie wissen bereits, dass das in Wirklichkeit nicht so war und dass etwas im Busch sein könnte.

Sehen Sie sich jetzt Abbildung 6.2 an, die ebenfalls die langfristigen Erträge zeigt. Aber diesmal ist der Chart weder kopflastig noch beängstigend – obwohl die Zahlen, die den Abbildungen 6.1 und 6.2

zugrunde liegen, die gleichen sind. Der Unterschied ist, dass Erstere eine lineare und Letztere eine logarithmische Darstellung ist.

Abbildung 6.2 Aktienerträge in den Vereinigten Staaten, logarithmisch – der Schein trügt

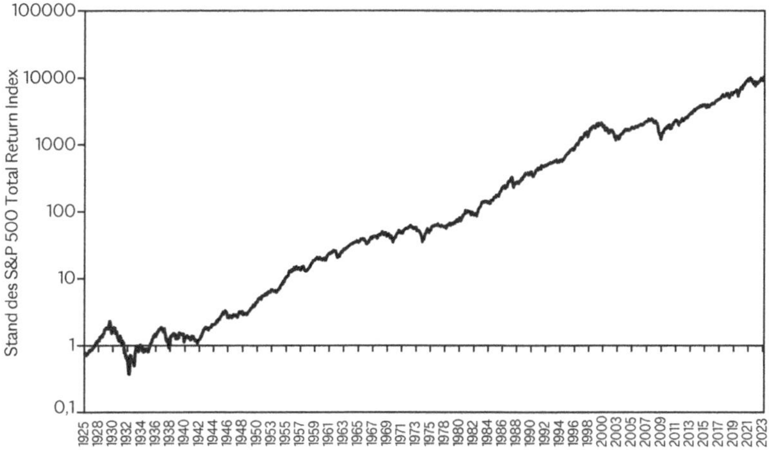

Quelle: Global Financial Data, Inc., Stand 04.03.2024, S&P 500 Total Return Index von 31.12.1925 bis 31.12.2023.

Lineare Skalen sind in Ordnung und werden ständig für die Darstellung von Erträgen verwendet. Sogar für Aktien sind sie über kürzere Zeiträume in Ordnung. Wenn man eine lineare Skala für die längerfristige Darstellung von Dingen verwendet, die sich ansammeln, gibt es allerdings das Problem, dass jede Aufwärtsbewegung um einen Punkt den gleichen vertikalen Raum einnimmt.

Auf einer linearen Skala erscheint eine Bewegung von 1.000 auf 1.100 riesengroß, aber eine Bewegung von 100 auf 110 winzig klein. Doch in Wirklichkeit ist das nicht so.

Beide sind Anstiege um zehn Prozent und sollten gleich aussehen! Da sich die Erträge über fast 100 Jahre hinweg kumuliert haben, sehen die späteren Erträge im Chart deshalb stratosphärisch aus, weil das Niveau des Index an sich höher ist.

Eine logarithmische Skala dämpft diesen Effekt und ist eine bessere Betrachtungsweise langfristiger Markterträge. Auf einer logarithmischen Skala sehen prozentuale Veränderungen auch dann gleich aus, wenn sich die absoluten Preisänderungen immens voneinander unterscheiden – eine Bewegung von 100 auf 200 sieht genauso aus wie eine von 1.000 auf 2.000 – beides sind Anstiege um 100 Prozent. Und auf diese Art nehmen Sie und Ihr Portfolio Marktveränderungen wahr.

Was sind eigentlich Aktien?

Wie in Kapitel 1 besprochen, sind Aktien ein Stück Eigentum an einer Firma – kein Stückchen von der aktuellen oder künftigen inländischen Wirtschaftsproduktion. Wenn man eine Aktie kauft, gehört einem ein Stückchen eines Unternehmens und seiner künftigen Gewinne. Und man erwartet natürlich, dass die Gewinne mit der Zeit steigen, denn sonst würde man ja die Aktie nicht kaufen.

Abbildung 6.3 zeigt den Gewinn der S&P-500-Unternehmen pro Aktie und darüber die Preisentwicklung des S&P 500. Sie folgen einander nicht immer und nicht perfekt, aber doch ziemlich genau. Und so sollte es auch sein! Aber Gewinne werden nicht in das BIP eingerechnet. Die Ausgaben der Unternehmen schon, aber nicht ihre Gewinne.

Natürlich können die Ausgaben der einen Firma zu dem Gewinn einer anderen beitragen. Und der Gewinn einer Firma kann davon beeinflusst werden, ob eine Volkswirtschaft wächst oder nicht, und wenn ja, wie schnell. Aber der Gewinn ergibt sich aus den Einnahmen abzüglich der Kosten – und das BIP ist mit beiden nicht unmittelbar verbunden.

Abbildung 6.3 S&P im Vergleich zum Gewinn je Aktie

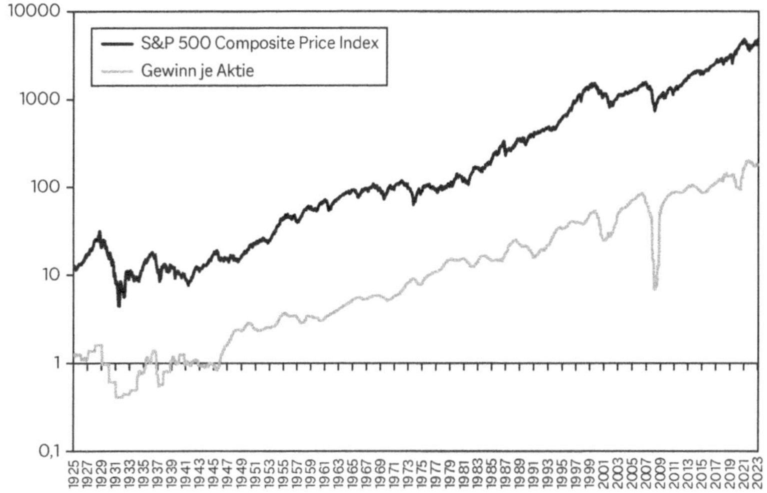

Quelle: Global Financial Data, Inc., Stand 04.03.2024, S&P Price Index von 31.12.1925 bis 31.12.2023.

Börsennotierte Unternehmen, also Aktien, operieren in unserer Volkswirtschaft. Aber die Börse und die Wirtschaft sind nicht das Gleiche und sie sind nicht im Entferntesten austauschbar. Die Wachstumsraten des BIPs und der Aktienerträge hängen nicht unmittelbar zusammen und das sollten sie auch nicht. Die Unternehmensgewinne und somit auch die Aktienkurse können und werden wahrscheinlich im Laufe der Zeit weiterhin schneller wachsen als das BIP – in den Vereinigten Staaten und weltweit. Denn Aktien repräsentieren den ununterbrochenen, exponentiellen Aufwärtslauf des Zusammenpralls von Innovationen, die im Laufe der Zeit zu höheren Gewinnen beitragen. Durch den Fluss der Wirtschaft lässt sich das nicht erfassen.

7

IMMER UND EWIG ZEHN PROZENT!

„Wenn die Aktien zehn Prozent abwerfen, kann ich immer und ewig zehn Prozent abschöpfen!“

Manche Menschen bezweifeln, dass die Aktien weiterhin überlegene Erträge abwerfen können. Diese Leute sollten mehr an den Kapitalismus glauben und/oder noch einmal Kapitel 1 lesen.

Es gibt aber auch welche, die glauben an die langfristige Überlegenheit der Aktien. Absolut! Demnach sollen die Aktien von nun an bis in alle Ewigkeit im Schnitt zehn Prozent im Jahr liefern. Sie glauben so fest daran, dass sie überzeugt sind, sie könnten mir nichts, dir nichts jedes Jahr zehn Prozent abschöpfen.

Bis zu einem gewissen Punkt teile ich diesen Optimismus. Ich bin aber nicht blind davon überzeugt, dass Aktien in dem langen vor uns liegenden Zeitraum im Durchschnitt zehn Prozent im Jahr abwerfen *müssen*. Ich vermute zwar, dass sie die Anleihen über lange Zeiträume und mit großem Abstand übertreffen werden – und dass ihre langfristige Rendite wahrscheinlich in der Nähe des historischen Durchschnitts von zehn Prozent liegen wird. Aber zu planen, dass man jedes Jahr zehn Prozent abschöpft – das ist ein absolutes Katastrophenrezept, denn es ignoriert die riesigen Schwankungen der Renditen.

Die Aktienrenditen sind höher - und sie schwanken

Wie in Kapitel 1 und an anderer Stelle besprochen, sind die Schwankungen der kurzfristigen Aktienrenditen einer der Gründe, weshalb Aktien langfristig im Schnitt mehr abwerfen. Wir würden es alle lieben, wenn die Aktienrenditen stetiger wären (lesen Sie in Kapitel 17 mehr darüber), aber die Wirklichkeit sieht anders aus.

Abbildung 7.1 zeigt die Bereiche der Jahresrenditen des S&P 500 und ihre Häufigkeit. Das mit Abstand häufigste (37,8 Prozent der Jahre) Ergebnis sind Jahre, in denen die Aktien mit einem großen Plus schließen – über 20 Prozent. Am zweithäufigsten kommt es vor, dass die Aktien null bis 20 Prozent im Plus stehen – aber nur selten sacken sie um fast zehn Prozent ab.

Manche tun sich damit schwer, aber Katastrophenjahre sind ziemlich selten – nur in 6,1 Prozent aller Jahre fallen Aktien „stark". Das ist selten! Nur in unserem Gedächtnis nehmen die Verlustjahre mehr Raum ein.

Man kann sich eine tiefe Grube graben, wenn man in der Nähe eines Börsentiefs zehn Prozent entnimmt – zum Beispiel wenn die Aktien in einer großen Baisse stecken, aber auch während kürzerer (aber sehr häufiger) Korrekturen. Wenn man einen sehr kurzfristigen Zeithorizont hat, macht das vielleicht nichts. Aber die meisten Leser dieses Buches haben wahrscheinlich einen viel längeren Zeithorizont – 20 Jahre oder mehr. Vielleicht sogar viel mehr!

Manche sagen sich vielleicht: „Also gut, dann werde ich eben kein Portfolio haben, das so tief fällt." Okay. Das kann man machen, wahrscheinlich indem man die kurzfristige Volatilität dadurch senkt, dass man immer einen großen Anteil an festverzinslichen Wertpapieren hält. Aber dadurch senkt man auch seine erwartete Rendite. Ein solches Portfolio bringt wahrscheinlich über lange Zeiträume weniger als zehn Prozent im Jahr.

Abbildung 7.1 Durchschnittliche Renditen sind nicht normal – normale Renditen sind extrem

Jährlicher Renditebereich des S&P 500	Fälle seit 1926	Häufigkeit	
> 40%	5	5,10%	
30% bis 40%	15	15,30%	**Stark gestiegen** (37,8% der Fälle)
20% bis 30%	17	17,30%	
10% bis 20%	21	21,40%	**Leicht gestiegen** (35,7% der Fälle)
0% bis 10%	14	14,30%	
-10% bis 0%	13	13,30%	**Leicht gefallen** (20,4% der Fälle)
-20% bis -10%	7	7,10%	
-30% bis -20%	3	3,10%	
-40% bis -30%	2	2,00%	**Stark gefallen** (6,1% der Fälle)
< -40%	1	1,00%	
Gesamtzahl der Fälle	**98**		
Einfacher Durchschnitt	**12,10%**		
Annualisierter Durchschnitt	**10,30%**		

Quelle: Global Financial Data, Inc., Stand 25.03.2024, Jahres-Gesamtrenditen des S&P 500.

Andere könnten beschließen, Gewinne einfach mitzunehmen. In einem Jahr, in dem die Aktien um 25 Prozent steigen (was vorkommen kann), nehmen sie fröhlich ihre Gewinne mit und feiern das. Die Aktien steigen ja öfter, als sie fallen! Aber was tut man in einem Jahr, in dem die Aktien um 20 Prozent, um 30 Prozent oder noch mehr fallen, was in einer Baisse durchaus vorkommen kann? Steckt man dann zusätzliches Geld hinein, um seine willkürliche Grenze wieder zu erreichen?

Sagen wir, Sie haben ein Portfolio von einer Million Dollar, das auf 800.000 Dollar fällt – eine normale kurzfristige Bewegung, mit der man bei einem reinen Aktienportfolio rechnen muss. Wollen Sie dann warten, bis das Portfolio wieder bei einer Million steht, bevor Sie wieder Geld entnehmen? Oder werden die 800.000 Dollar zu Ihrer neuen Grundlinie? Die meisten Menschen können (oder wollen) mit solchen Cashflow-Schwankungen nicht leben.

Tragen Sie keine Einlagen

In einer anderen Version sagen die Menschen vielleicht: „Ich kaufe einfach immer Einlagezertifikate und/oder Anleihen mit fünf Prozent Rendite. Das ist eine sichere Art, für immer ein Einkommen von fünf Prozent zu haben. Da brauche ich das Grundkapital gar nicht anzugreifen!" Wenn man 50.000 Dollar im Jahr braucht und ein Portfolio von einer Million hat, kauft man theoretisch einfach weiterhin Einlagezertifikate und/oder Anleihen zu fünf Prozent.

Das klingt zwar gut, aber das funktioniert auch nicht. Es stimmt schon, dass fünfprozentige Einlagezertifikate erstmals seit vor der Finanzkrise des Jahres 2008 keine Fabelwesen mehr sind. Hurra! Unternehmensanleihen? Ein Unternehmen mit astreiner Bonität (die einen nicht garantiert vor einer späteren Pleite bewahrt) wirft ähnliche 4,83 Prozent ab.[1] Um höhere Renditen zu bekommen, muss man zu Schrottanleihen greifen – während ich dies schreibe, stehen die Zinsen 10-jähriger Anleihen bei 7,2 Prozent.[2] Und das bei Junkbonds!

Wenn man sich mit Einlagezertifikaten und/oder Anleihen einen zuverlässigen Cashflow verschaffen will, ist eine Strategie, die massiv auf Junkbonds zurückgreift, wohl kaum klug. Man kann natürlich Junkbonds kaufen, um die erwartete Rendite zu steigern, aber wenn man diesen Weg geht, sind 7,2 Prozent verflucht wenig. Je nach den Zielen und dem Zeithorizont kann es sinnvoller sein, das höhere Ausfallrisiko der Junkbonds gegen die etwas größere Volatilität von Aktien einzutauschen. Bei Aktien sind die langfristigen Renditen wahrscheinlich besser.

Das heißt, während ich dies schreibe, wirft ein Einlagenportfolio von einer Million Dollar bei einem einjährigen 5,3-prozentigen Zertifikat 53.000 Dollar ab – etwas Besseres sehe ich derzeit nicht.[3] Nicht gerade sensationell. Aber versuchen Sie einmal, sich solche Zinsen für längere Zeit zu sichern: 2-jährige Einlagezertifikate bringen höchstens circa fünf Prozent, 5-jährige etwa 4,45 Prozent.[4] Zehn Jahre? Bloß 3,75 Prozent.[5] Vielleicht meinen Sie, die Zinsen werden ab jetzt durch die Decke gehen. Dann könnten Sie einfach später das, was Sie jetzt haben, verkaufen, um sich davon höher verzinsliche Instrumente zu kaufen.

Doch vergessen Sie nicht: Es besteht eine umgekehrte Beziehung zwischen Rendite und Preis. Wenn die Zinsen steigen, fallen die Preise Ihrer Anleihen – wenn Sie sie verkaufen, können Sie dabei Verlust machen. Und normalerweise bezahlt man eine Strafgebühr, wenn man Einlagezertifikate vor dem Ende ihrer Laufzeit verkauft. Dann hat man einen geringeren Portfoliowert als Ausgangsbasis. Und das hatten Sie wahrscheinlich nicht vor.

Sie könnten aber auch bis zum Ende warten, damit Sie kein Kapital verlieren, und die höher verzinslichen Instrumente erst kaufen, wenn Ihre jetzigen fällig werden. Gar nicht dumm! Aber was ist, wenn die Zinsen nach einem Jahr, nach zwei Jahren oder nach fünf Jahren niedriger sind? Was ist, wenn sie auf das Niveau der 2010er-Jahre zurückfallen, als dreiprozentige und erst recht fünfprozentige Einlagezertifikate so gut wie unmöglich zu finden waren?

Und selbst bei steigenden Zinsen dürfen Sie die Inflation nicht vergessen. Wenn Sie in heutigen Dollar gerechnet 50.000 brauchen, dann brauchen Sie in zehn Jahren wahrscheinlich schon mehr als 70.000 Dollar, nur um Ihre derzeitige Kaufkraft beizubehalten, wenn sich die

Inflation künftig im Rahmen des langjährigen Durchschnitts bewegt. In 20 Jahren bräuchten Sie schon über 100.000 Dollar (siehe Kapitel 2)!

Aber vielleicht steigen die Zinsen ja so richtig weit und so richtig schnell – und eines Tages können Sie ein Einlagezertifikat kaufen, das zehn Prozent abwirft! Das würde doch Ihr Kaufkraftproblem lösen, oder?

Wahrscheinlich nicht. Die 100.000 Dollar nach 20 Jahren gehen davon aus, dass die Inflation in dem Zeitraum durchschnittlich ist. In einem Szenario, in dem Einlagezertifikate zehn Prozent einbringen (und zwar keine vorgetäuschten wie sie der verurteilte Schwindler Sir R. Allen Stanford verkaufte, bevor sein Betrug 2009 in sich zusammenfiel – siehe Kapitel 17), ist wahrscheinlich auch die Inflation stark gestiegen und hat Ihrer Kaufkraft einen schweren Schlag versetzt. Sehen Sie sich nur einmal an, wie die seit Langem schleppenden Zinsen auf Einlagezertifikate erst nach dem Inflationsschub nach Corona deutlich nach oben gingen. Und das bedeutet, dass die hypothetischen 100.000 Dollar vielleicht gar nicht reichen.

Und wie sollte man nun aus einem Portfolio Einkommen beziehen? Lesen Sie in Kapitel 8 weiter.

Meiner Ansicht nach ist es eine klügere langfristige Strategie, alle seine Ziele festzulegen und sich eine passende Benchmark sowie eine langfristige Asset Allocation auszusuchen, die die Wahrscheinlichkeit erhöht, dass Sie diese Ziele auch erreichen. (Eine Anleitung, wie man das macht, finden Sie in meinem Buch von 2012 „Plan Your Prosperity".) Unter anderem sollten Sie überlegen, ob die Benchmark Ihren inflationsbereinigten Cashflow über Ihren langen Zeithorizont tragen kann. Sowohl die 10-Prozent-Strategie als auch der 5-Prozent-Einlagezertifikate-Plan sind unhaltbare Mythen.

8

HOHE DIVIDENDEN FÜR EIN SICHERES EINKOMMEN

„Um im Ruhestand ein sicheres Einkommen zu haben, investiere ich einfach in Aktien mit hohen Dividenden."

Von kurzen Dellen aufgrund von Dingen wie der Pandemie abgesehen, steigt die Lebenserwartung immer noch und wird das auch in Zukunft tun (siehe Kapitel 2). Das bedeutet, dass die Menschen heute wahrscheinlich während ihres Ruhestands mehr Geld ausgeben als je zuvor – und das vielleicht viel länger, als die meisten vorausgesehen haben. Genug Cashflow für die Finanzierung des Ruhestands zu bekommen ist bei vielen Anlegern die Hauptsorge.

Niemand will im Ruhestand Überraschungen erleben – vor allem nicht die Art von Überraschung, die ein plötzliches Herunterschrauben der Ausgaben notwendig macht. Aber wie können Sie die Chancen erhöhen, dass Ihr Portfolio den Cashflow abwirft, den Sie für Ihren gesamten Zeithorizont erwarten?

Ein fast allgegenwärtiger Mythos besagt, man könne seinen Ruhestand mit einem Portfolio leicht und berechenbar finanzieren, das viele Aktien mit hohen Dividenden und/oder Festverzinsliche mit hohen

Coupons enthält. Diesem Glauben zufolge kann man die Rendite, wie hoch sie auch sein mag, unbesorgt ausgeben – vielleicht ohne jemals das Grundkapital anzugreifen! Viele Anleger – auch Profis – halten das für eine sichere Anlagestrategie.

Verlassen Sie sich nicht darauf. Dieser Mythos könnte zu kostspieligen Fehlern führen, die Sie dazu zwingen, Ihre künftigen Ausgaben herunterzuschrauben – und zu heiklen Unterhaltungen mit Ihrem Ehepartner.

Zunächst einmal verwechselt diese Theorie ganz einfach das Einkommen mit dem Cashflow. Ja, technisch betrachtet sind Dividenden (und Zinszahlungen) durchaus Einkommen. In Ihrer Steuererklärung geben Sie sie als Einkünfte an. Und an beiden – Aktien, die Dividenden ausschütten, und festverzinslichen Wertpapieren – ist als Cashflow-Quelle nichts auszusetzen. Sie können je nach Ihren langfristigen Zielen und Ihrem langfristigen Finanzprofil durchaus das Richtige für Sie sein. Wie viel für Sie angemessen ist, kann ich Ihnen nicht sagen, weil ich Sie nicht kenne. Aber wenn Sie sich ausschließlich auf die beiden Genannten verlassen, könnten Sie ein immenses Minusgeschäft machen.

Die Finanztheorie sagt das eindeutig: Nach Steuern sollte es Sie nicht kümmern, woher der Cashflow kommt. Es ist egal, ob Sie ihn aus Dividenden, aus einem Coupon oder aus dem Verkauf von Wertpapieren bezogen haben. Cash ist Cash ist Cash! Am meisten sollte es Sie stattdessen interessieren, dass Sie auf die richtige Benchmark bezogen für Ihre Verhältnisse stets optimal investiert sind (also die geeignete langfristige Asset Allocation haben). Und ein Portfolio aus vielen Aktien mit hohen Dividenden leistet das vielleicht nicht. Aber wieso nicht?

Alle großen Aktienkategorien kommen in Mode und verschwinden wieder – das gilt auch für Aktien mit hohen Dividenden. Value- und Growth-Aktien geben ihre Führungsposition ebenso wieder ab wie Small Caps und Big Caps. Alle großen Sektoren durchlaufen eine Rotation – Energie, Technologie, Finanzwerte, Materialien etc. Sie machen

Phasen durch, in denen sie führend sind, und Phasen, in denen sie hinterherhinken. Das passiert immer, und zwar ohne Regelmäßigkeit. Und Aktien mit hohen Dividenden sind auch nur eine Aktienkategorie. Weder bringen sie eine bessere Performance, noch sind sie weniger volatil. Manchmal laufen sie gut, manchmal mittelmäßig und manchmal erbärmlich (mehr dazu in Kapitel 9).

Manche Anleger glauben tief in ihrer Seele, eine Dividende sei ein Zeichen dafür, dass es einer Firma gut geht. Und wünscht man sich denn nicht ein Portfolio aus gesunden Aktien? Aber grundsätzlich ist ein Unternehmen, das eine Dividende ausschüttet, nicht besser als ein anderes – das ist lediglich eine andere Art, Shareholder-Value zu generieren.

Manche Firmen entscheiden sich dafür, dadurch Shareholder-Value zu erzeugen, dass sie ihre Gewinne reinvestieren. Sie meinen vielleicht, wenn sie in neues Betriebskapital, in Forschung, in die Übernahme von Konkurrenten oder ergänzenden Unternehmen (beziehungsweise in entsprechende Fusionen) investieren, würden die Anleger den Kurs ihrer Aktie in die Höhe treiben. Andere Firmen kommen vielleicht zu dem Schluss, Reinvestitionen würden das Wachstum nicht sehr steigern (entweder, weil sie sich in einem Marktzyklus befinden, wegen der Art des Unternehmens oder aus einem anderen Grund). Deshalb erzeugen sie vielleicht dadurch Shareholder-Value, dass sie Dividenden ausschütten. Das nimmt man als Aktionär wahr. Wenn eine Firma eine Dividende bezahlt, fällt der Aktienkurs ungefähr um den Betrag der Dividende, wenn sich sonst nichts ändert. Denn schließlich gibt die Firma einen wertvollen Vermögenswert her – Bargeld.

Da Firmen, die hohe Dividenden ausschütten, tendenziell mehr Wert darin sehen, ihren Aktionären Bargeld zu geben, als den Gewinn zu reinvestieren, besteht eine Überschneidung zwischen Dividendenaktien und Value-Aktien. Hingegen schütten eher wachstumsorientierte Unternehmen meist geringe oder gar keine Dividenden aus (im Allgemeinen, aber das ist keine bindende Regel). Wenn Value-Aktien in Mode sind, dann sind es im Allgemeinen auch Aktien, die hohe Dividenden abwerfen. Und wenn Growth-Aktien eine bessere Performance bringen als Value-Aktien, underperformen auch die Dividendenaktien.

Ich möchte es noch einmal sagen: Value-Aktien sind keine dauerhaft bessere Kategorie, was vor ihrem großen Nachlassen circa während des letzten Jahrzehnts eine beliebte Behauptung war. Sie wechseln sich hinsichtlich der Führungsposition mit Growth-Aktien ab. Es gibt keine Kategorie, die zu allen Zeiten führend ist. (In Kapitel 9 besprechen wir das noch ausführlicher.)

Keine Garantien!

Aktien mit hohen Dividenden sind also nicht dauerhaft besser und haben im Laufe der Zeit keine wesentlich anderen erwarteten Volatilitäts- oder Renditeeigenschaften. Genauso wichtig: Die Dividenden sind nicht garantiert. Firmen, die Dividenden auszahlen, können sie kürzen, und das tun sie auch. Oder sie streichen sie komplett! Boeing zahlte von 1942 bis 2019 zumindest eine gewisse Dividende. Das waren 78 Jahre! Dann kam Anfang 2020 Corona mitsamt den Lockdowns. Die Flugreisen stürzten ab. Es bestand die Befürchtung einer langfristigen Verheerung der Branche. Und – *puff!* – war die Dividende verschwunden. Während ich dies im März 2024 schreibe, wurde sie noch nicht wieder eingeführt. Boeing war bei Weitem nicht das einzige Unternehmen, das die Dividende strich – und das geschah nicht nur in der anormalen Pandemie-Panik. Während der Kreditkrise 2008 stutzten Banken (und viele andere Unternehmen) ihre Dividenden zurecht.

Und nicht nur im Laufe von Baissen kürzen Unternehmen die Dividenden. Im Jahr 2017, als die zehnjährige Baisse noch zwei Jahre vor sich hatte, halbierte GE seine Dividende.[2] Im nächsten Jahr kürzte es sie in dem Bemühen, seine Bilanz aufzubessern, um 90 Prozent – auf einen Cent pro Aktie und Quartal.[3]

Es ist auch ein Mythos, dass die schiere Existenz einer Dividende von der Gesundheit des Unternehmens zeuge. Wenn eine Firma eine Dividende bezahlt, muss sie doch reichlich Cash haben und sehr gesund sein, oder? Und je höher die Dividendenrendite, umso gesünder muss die Firma sein, oder?

Aber nicht doch. Nehmen Sie das Einzelhandelsunternehmen Big Lots. Seine Dividende, die sich Anfang 2022 auf 3,0 Prozent belief, stieg bis Anfang 2023 auf mehr als 7,0 Prozent.[4] Im April jenes Jahres übersprang sie die 13 Prozent. Jedoch hängt die Dividendenrendite von den früheren Ausschüttungen und dem aktuellen Aktienkurs ab. Zwar blieb die Dividendenausschüttung von Big Lots konstant, doch sein Aktienkurs stürzte ab – von 45,05 Dollar Ende 2021 auf 10,96 Dollar Ende des ersten Quartals 2023. Möchten Sie eine solche Aktie besitzen? Ich nicht! Dann setzte Big Lots die Dividende vollständig aus.[5] Erinnern Sie sich an die mittlerweile dahingeschiedene Bank Lehman Brothers? Sie zahlte im August 2008 eine Dividende, also nur Wochen vor ihrem Zusammenbruch. Dividenden signalisieren also keine garantierte Sicherheit. Nichts signalisiert sie!

Und was ist mit den Anleihezinsen? Wenn Sie sich vollständig oder zum Teil auf die Zinsen von Anleihen verlassen, haben Sie am Ende vielleicht eine zu große Allokation an festverzinslichen Wertpapieren, die gar nicht für Sie geeignet ist. Und das könnte die Wahrscheinlichkeit beeinträchtigen, dass Sie langfristig Ihre Ziele erreichen.

Auch darf man wie in Kapitel 3 besprochen das Zinsrisiko nicht außer Acht lassen. Natürlich, wenn man heute 10-jährige Anleihen in neu begebene Anleihen „rollt", sichert man sich eine höhere Rendite. Das ist aber nicht immer so – wie zum Beispiel im vorangegangenen Jahrzehnt.

Es ist zwar nichts Falsches daran, seinen Cashflow aus Dividenden oder Anleihen zu beziehen, aber man sollte nicht davon ausgehen, dass er dann risikolos ist. Und man sollte sich nicht ausschließlich an diese beiden Kategorien binden.

Hausgemachte Dividenden

Wenn Sie also einen Cashflow aus Ihrem Portfolio brauchen und sich nicht auf eine für Sie unangemessen hohe Allokation an Aktien mit hohen Dividenden und/oder an festverzinslichen Wertpapieren festlegen wollen – was können Sie dann tun? Sie wollen ja wohl keine Wertpapiere verkaufen, oder doch?

Aber natürlich! Warum denn nicht? Dafür sind sie schließlich da.

Ich bezeichne diese Taktik als „hausgemachte Dividenden". Dieser Begriff stammt von mir und er bedeutet ganz einfach, dass man sein Portfolio aberntet und trotzdem optimal investiert bleibt.

Und um das zu tun, kann man Wertpapiere verkaufen. Ja, das kann man! Die Menschen sagen oft: „Aber ich will kein Kapital verkaufen." Doch der Kauf und Verkauf einzelner Papiere ist unglaublich billig – kaum etwas hindert einen daran, sein Portfolio entsprechend der Benchmark optimal investiert zu lassen und gelegentlich Wertpapiere zu verkaufen, um sich Bargeld zu beschaffen.

Wenn man sich hausgemachte Dividenden beschafft, kann man gegebenenfalls – wenn die Bedingungen stimmen – auch eine gewisse Steuerplanung betreiben. Wenn man will, kann man Wertpapiere mit Verlust verkaufen, um einen Teil der Gewinne auszugleichen. In manchen Jahren mag das nicht gehen, aber trotzdem entstehen aus dem Verkauf von Aktien mit langfristigen Kapitalerträgen relativ geringe Steuerverbindlichkeiten. Und vielleicht ergibt sich daraus ein Verlustvortrag, der einen Teil davon dämpft. Darüber hinaus kann das Abernten von hausgemachten Dividenden eine Möglichkeit sein, das Portfolio nach Marktentwicklungen wieder ins Gleichgewicht zu bringen.

Und ein gut diversifiziertes Portfolio enthält wahrscheinlich fast immer einige Aktien, die hohe Dividenden ausschütten, sodass immer noch ein gewisser Cashflow durch Dividenden anfällt. Aber Sie brauchen sich nicht von diesen Aktien mit höheren Dividenden die Hände binden zu lassen. Je nach Ihren Zielen und Ihrem Zeithorizont haben Sie vielleicht auch ein paar Anleihen, die Couponzahlungen abwerfen – jedoch muss das je nach Ihrer Benchmark nicht unbedingt notwendig sein.

Ob man schon im Ruhestand ist, darauf zugeht oder noch 40 Jahre vor sich hat – als Anleger sollte man sich mehr um die Gesamtrendite kümmern, also um Kurszuwächse plus Dividenden, und weniger um die bloße Dividendenrendite. Daher kann man sich eine Benchmark aussuchen, die sich an den eigenen Zielen und dem Zeithorizont orientiert, nicht nur an der Dividendenrendite. Wenn man sich ausschließlich auf die Dividendenrendite konzentriert, kann das dazu führen, dass man weit hinter dem zurückbleibt, was man andernfalls bekommen hätte – weil die Dividendenaktien aus der Mode kommen oder weil die Dividenden immer wieder schrumpfen oder gestrichen werden. Das ist keine tolle Strategie.

9

DIE DAUERHAFTE ÜBERLEGENHEIT VON SMALL-CAP-VALUE-AKTIEN

„Small-Cap-Value-Aktien sind einfach besser als andere Aktien."

Das ist ein Mythos, dem viele professionelle Investoren und hartgesottene Enthusiasten erliegen. Sie sind überzeugt, niedrig kapitalisierte Value-Aktien seien grundsätzlich besser und wären tendenziell langfristig stets und für immer überlegen, in Ewigkeit Amen.

Heute dürfte man das nicht mehr ganz so oft zu hören bekommen, weil die Nebenwerte in den letzten Jahren häufig zu kämpfen hatten. Aber lassen Sie ihnen Zeit. Es gibt genug Menschen, die das vergangene Jahrzehnt als Anomalie sehen, die von dem astronomischen Aufstieg von Big Tech befeuert wurde und sicherlich enden wird, sobald sich der KI-Hype verläuft. Wenn der Tech-Run irgendwann endet, werden die Verfechter der Nebenwerte mit ihrem *Ich hab's doch gesagt* zurückkehren und die denkbar langfristigsten Datenreihen anführen, um ihre Behauptungen zu stützen. Das stimmt aber nicht. Wenn es so wäre, dann wüssten wir es alle, und jedermann würde nur in Small-Cap-Value-Aktien investieren.

Es gibt aber auch hartgesottene (und ebenso fehlgeleitete) Anhänger anderer Größen- oder Stilkategorien von Aktien. Manche kaufen nur Technologie-Aktien, vor allem im Moment. Nur US-Aktien. Nur Blue Chips. Nur mittelgroße britische Pharma-Aktien. Nur dies oder nur jenes. Man nenne eine Kategorie, dann gibt es eine Gruppe von Fans, die meint, damit habe sie die langfristige Wunderwaffe gefunden – ihre geliebte Kategorie sei die beste und darüber hinaus seien keine Analysen nötig. Doch so tief ihre Liebe für die betreffende Kategorie auch sein mag, alle können sie nicht recht haben. Und in Wirklichkeit hat keine von ihnen recht.

Dauerliebe oder Jagd nach heißer Luft?

Ein weiteres wichtiges Merkmal dieser Dauerliebe: So dauerhaft ist sie oft gar nicht. Die letzten Jahre haben das gezeigt. Manche Small-Value-Jünger bleiben zwar streng und eisenhart dabei, selbst während der (manchmal quälend langen) Perioden, in denen die Value-Small-Caps unterdurchschnittlich laufen, weil ihr Glaube daran so fest ist. Aber es gibt auch welche, die sich, wenn sie gesehen haben, dass eine Kategorie eine vorübergehende Erfolgssträhne hat (Large-Cap Growth Mitte bis Ende der 1990er, Technologie Ende der 1990er, Finanzwerte Mitte der 2000er, Auslandsaktien in den 1980ern, US-Aktien während der gesamten 1990er, Emerging Markets Ende der 2000er, große Wachstumswerte Ende der 2010er- und Anfang der 2020er-Jahre und so weiter und so fort), denken: „Aha, das ist die beste Kategorie! Die habe ich verpasst. Aber jetzt nicht mehr! Ich bin überzeugt, dass diese Kategorie die beste ist, und schichte jetzt massiv um." Oft schichten sie gerade dann um, wenn die Führungsposition wieder wechselt (was sie in unregelmäßigen

Abständen immer wieder tut), und liegen am Ende schwer zurück. Vielleicht erleidet der angesagte Sektor einen Crash und sie werden ruiniert! Vielleicht beschließen sie auch (noch einmal), dass sie sich geirrt haben, kaufen eine andere Kategorie, bei der sie beobachtet haben, dass sie seit einer Weile führend ist, und meinen nun, diese sei auf Dauer besser. Damit rennen sie aber bloß heißer Luft nach, sonst nichts.

Sie selbst sind jedoch nicht dieser Meinung. Keineswegs! Wir alle wissen, dass es schlecht ist, den angesagten Moden nachzulaufen. Sie halten ihr Tun aber für rational. Sie meinen, die längere Outperformance der letzten Zeit von Kategorie X sei ein Beweis dafür, dass sie offenkundig besser ist. Und es kommt natürlich vor, dass eine bestimmte Aktienkategorie über lange Zeit eine bessere Performance bringt. Das heißt aber nicht, dass sie auf Dauer überlegen wäre. Es heißt nur, dass die Stimmung hinsichtlich dieser Kategorie besonders gut war, dass die Fundamentaldaten ihre Outperformance eine Weile gerechtfertigt haben oder beides. Aber nur dass etwas für längere Zeit führend war, heißt noch nicht, dass es auch künftig für lange Zeit führend sein müsste.

Ein Beispiel: Small Caps haben seit 1925 eine annualisierte Performance von 11,8 Prozent gebracht, gegenüber den 10,2 Prozent des S&P 500.[1] Ein Beweis dafür, dass Small Caps besser sind? Nicht wirklich. Ein großer Teil dieser Outperformance ignoriert die hohen Geld-Brief-Spannen, die bei den Small Caps in den 1930er- und 1940er-Jahren üblich waren – manchmal betrugen sie bis zu 30 Prozent des Kaufpreises. Wenn man damals wirklich Small Caps gekauft und verkauft hätte, hätten die Kosten einen großen Teil der Erträge aufgezehrt – in den langfristigen Indexrenditen ist dies aber nicht erfasst.

Dazu kommt, dass kleine Aktien nach Baissen tendenziell enorm zurückfedern – je größer die Baisse, umso größer der Kurssprung. Genauer gesagt: Was in Baissen am tiefsten fällt, springt zu Beginn der nachfolgenden Hausse am stärksten in die Höhe – und das sind *gewöhnlich* Value-Small-Caps, die am stärksten getroffen werden, wenn die Rezession zuschlägt und die Kredite versiegen. (Beachten Sie, dass dies weder in der durch den Lockdown ausgelösten Baisse 2020 noch in der rezessionslosen des Jahres 2022 so war – dieser Abschwung wurde von großen Wachstumswerten angetrieben, die daher auch in der Erholung führend waren, was wohl ein Grund ist, warum die Fans kleiner Value-Aktien in letzter Zeit so still sind.

Aber die Rückfederbewegungen von Value-Nebenwerten sind relativ kurzlebig. Wenn man auf einen großen Kurssprung der Small Caps wartet, muss man also auch das massive Abtauchen der Small Caps ertragen – was emotional äußerst hart ist. Abgesehen von einigen Phasen, in denen die Small Caps im Verhältnis riesige Kurssprünge verzeichnet haben, übertreffen die Large Caps die Small Caps – und das normalerweise über quälend lange Zeiträume. Es kann psychisch und emotional anstrengend sein, in einen Anlagestil zu investieren, bei dem Gewinne nur selten und unregelmäßig anfallen.

Und selbst wenn man die Kurssprünge aus der Talsohle von Baissen perfekt abpassen könnte (was schwierig ist), gibt es noch unzählige andere Möglichkeiten, riesige Erträge zu erzielen, die im betreffenden Fall besser sind als Small Caps. Aber die Zeiten, in denen die großen Aktien die kleinen übertreffen, sind so lang, dass sie selbst den geduldigsten Anleger komplett in den Wahnsinn treiben. Die meisten der längsten Haussen der Geschichte wurden von großen Aktien dominiert. Die Large Caps übertrafen die Small Caps in den Jahren 2014, 2015, 2017, 2018 und 2019 – also während die Hausse von 2009 bis 2020 voranrauschte.[2] Auch Anfang 2020, bevor der Corona-Wahnsinn zuschlug, standen sie hoch.[3]

Grundlagen des Kapitalismus

Wer glaubt, eine Kategorie sei dauerhaft und von Natur aus überlegen, muss grundlegende Prinzipien des Kapitalismus außer Acht lassen –

vor allem, dass Preise durch ständig wechselnde Kräfte von Angebot und Nachfrage bestimmt werden. In einem Wirtschaftsgrundkurs wurde Ihnen das wahrscheinlich als Kaufbereitschaft erklärt: Wie hoch ist die Kaufbereitschaft der Konsumenten bei unterschiedlichen Preisen? In der Regel (aber nicht immer) möchten Konsumenten bei höheren Preisen weniger von einem Gut als bei niedrigeren.

Auch das Angebot hängt von der Produktionsbereitschaft ab: Wie hoch ist die Bereitschaft der Anbieter, mehr oder weniger von etwas zu produzieren, je nach Preis? Typischerweise (aber nicht immer) sind Produzenten bei höheren Preisen eher bereit, mehr zu produzieren, als bei niedrigeren. An einem Punkt treffen Kaufbereitschaft der Konsumenten und Produktionsbereitschaft der Anbieter aufeinander – und das ist der Preis, den Sie bekommen. Ein Preis ist ein verblüffender Mechanismus. Die Menschen stellen sich das vielleicht nicht so vor, aber ein Preis ist eine einfache Manifestation von Tausenden, vielleicht auch Millionen oder Milliarden von Faktoren, die alle in einem Punkt zusammenlaufen, an dem ein Käufer kauft und ein Verkäufer verkauft. (Die Politiker wollen immer an den Preisen herumpfuschen, aber das liegt daran, dass sie keine Kapitalisten sind und den Preisbildungsmechanismus weder heute noch jemals verstehen werden.)

Warum habe ich zweimal geschrieben „aber nicht immer“? Manchmal wollen die Verbraucher von einer Sache auch zu einem höheren Preis mehr haben. Dafür muss der höhere Preis Teil des emotionalen Pakets sein, an das Prestige oder die wahrgenommene Qualität beziehungsweise an etwas anderes gebunden sein, das der Käufer wertschätzt. Wenn beispielsweise Apple ein iPhone der nächsten Generation produziert, stehen manche Leute Schlange, um das Produkt am ersten Tag zu bekommen, obwohl das Produkt in drei und in sechs Monaten, wenn der Preis enorm gefallen ist, nicht anders ist. Und manchmal senken technologische Fortschritte die Kosten für die Produzenten, wodurch sie eher bereit sind, bei einem niedrigeren Preis mehr zu produzieren. (Im Prinzip ist das die praktische Wirkung des Mooreschen Gesetzes.)

Dennoch spiegelt all dies lediglich unterschiedliche Grade an Bereitschaft zum Konsum oder zur Produktion wider.

Zwar versuchen Medien und Experten, Aktienkursbewegungen an allen denkbaren Faktoren festzumachen, aber wenn man sie auf das Wesentliche reduziert, werden die Aktienkurse wie alles andere, was wir in der freien Marktwirtschaft kaufen, von Angebot und Nachfrage gesteuert.

Kurzfristig gesehen ist das Aktienangebot relativ fix. Erstemissionen (IPOs) und Neuemissionen erfordern enorm viel Zeit, Mühe und regulatorischen Aufwand – und sie werden lange im Voraus bekannt gegeben. Über Bargeld und Schuldpapiere abgewickelte Fusionen und Aktienrückkäufe senken zwar das Angebot, aber auch sie werden normalerweise im Vorfeld gemeldet. Bankrotte können das Angebot ebenfalls reduzieren, aber sie geschehen nicht in ausreichendem Umfang, dass der Angebotszeiger der Aktien stark ausschlagen würde. Über die kommenden 12 bis 24 Monate dürfte es daher keine großen, unerwarteten Ausschläge des Aktienangebots geben. In einer solchen Situation regiert die Nachfrage, die weitgehend von der wankelmütigen Stimmung bestimmt wird. Diese kann positiver oder negativer werden – und das kann schnell gehen.

Aber auf längere Sicht verdrängt der Angebotsdruck alles andere. Auf lange Sicht kann das Aktienangebot in vollkommen unberechenbaren Mustern wachsen oder schrumpfen – durch Emissionen kann es wachsen und durch Rückkäufe oder bar beziehungsweise über Schulden abgewickelte Übernahmen kann es schrumpfen.

Dann passiert Folgendes: Eine bestimmte Kategorie zieht mehr Interesse auf sich – wie etwa Ende der 1990er-Jahre die Technologie-Aktien. Unternehmern und Wagniskapitalgebern fällt die steigende Nachfrage auf, und sie sehen, dass die Anleger bereit sind, die Preise in der betreffenden Kategorie in die Höhe zu treiben – da lässt sich also vermutlich leicht Geld beschaffen. Da wollen sie dabei sein und die künftige Profitabilität mitnehmen, die sie ihrer Meinung nach mit relativ leichtem Geld erzielen können. Gleichzeitig sehen auch die Investmentbanker, die den gesellschaftlichen Auftrag haben, Unternehmen den Zugang zu den Kapitalmärkten zu erleichtern, dass die Nachfrage nach Kategorie X steigt. Dann helfen sie den Unternehmern, indem sie neue Aktien oder neue Anleihen begeben, mit denen sie sich Geld für die Gründung einer Firma beschaffen können. Wenn das richtig gemacht wird, ist es für alle Beteiligten profitabel.

Vielleicht geht es auch nicht um eine neue, sondern um eine bereits existierende Firma, die sich die potenziellen Gewinne aus der heißen Kategorie X nicht entgehen lassen will. Also gibt auch sie neue Aktien oder Anleihen aus, um sich Geld für die Gründung einer neuen Sparte oder vielleicht für den Kauf eines anderen Unternehmens mit Knowhow auf dem betreffenden Gebiet zu beschaffen. Vielleicht will sie auch nur Kapital haben, damit sie neue Anlagen kaufen oder Forschung und Entwicklung betreiben kann. Unternehmenseigner machen so etwas gern, denn sie stellen sich vor, dass ihre Aktivitäten in Zukunft großen Gewinn bringen werden. Und die Anleger kaufen die Aktien mit Freuden, denn sie wollen von den künftigen Gewinnen auch ein Stück abhaben. Und die Investmentbanker helfen den Firmen mit Freuden bei der Emission von Aktien oder Anleihen, weil das auch ihnen auf lange Sicht Gewinne bescheren kann. (Vergessen Sie nie, wie stark das Gewinnstreben als Kraft zugunsten des gesellschaftlichen Wohls wirkt.)

Die Investmentbanker bringen immer neue Aktien für neue wie auch für etablierte Unternehmen auf den Markt, bis das Angebot letztlich die Nachfrage überschwemmt – und die Preise fallen.

Manchmal fallen die Preise langsam, manchmal fallen sie schnell – aber die Nachfrage geht auf jeden Fall zurück und die Investmentbanker wollen in der abgekühlten Kategorie nicht mehr so viele Aktien ausgeben. Lieber wollen sie Aktien in der nächsten heißen (oder auch nur warmen) Kategorie ausgeben – was das dortige Aktienangebot erhöht. Zwischenzeitlich wird das überschüssige Angebot in der erkalteten Kategorie dadurch abgeräumt, dass Unternehmen

Aktien zurückkaufen oder bankrottgehen oder von anderen Firmen geschluckt werden. Das Angebot kann endlos wachsen und schrumpfen, wobei es langfristig alle größeren Nachfrageverschiebungen überwindet.

Und da Unternehmen immer motiviert sein werden, zu unterschiedlichen Zeitpunkten Kapital zu beschaffen, und da Investmentbanken immer motiviert sein werden, Firmen mit Kapitalbedarf (oder die Kapital aufnehmen wollen) bei der Kapitalbeschaffung zu unterstützen – sei es durch die Emission von Aktien zur Deckung der Nachfrage oder durch die Organisation von Rückkäufen und Übernahmen –, wird das künftige Angebot zwar stets unvorhersehbar sein, langfristig jedoch die Nachfrage übersteigen.

Die Nachfrage dürfte unregelmäßig zwischen den Kategorien schwanken. Es gibt keinen fundamentalen Grund, weshalb die Investmentbanker in zehn Jahren mehr Tech- als Energie-Aktien oder in größeren Kategorien betrachtet mehr Small-Cap- beziehungsweise Large-Cap-Aktien emittieren wollen sollten. Jede Kategorie – wenn sie gut konstruiert ist – dürfte ihren eigenen Weg gehen, aber über sehr lange Zeiträume sehr ähnliche Renditen bringen, denn letzten Endes werden die langfristigen Erträge von den Angebotskräften bestimmt.

Man kann sich das auch so vorstellen wie in Abbildung 9.1. Sie sieht aus wie ein verrückter, chaotischer Flickenteppich ohne erkennbares Muster. Sie zeigt die großen Anlageklassen (US-Large-Caps, ausländische Large Caps, große US-Wachstumsaktien, kleine Value-Aktien, Anleihen etc.) und ihre relative jährliche Performance im Vergleich zu anderen Kategorien.

Abbildung 9.1 Kein Anlagestil ist zu allen Zeiten der beste

3 1 -1 -3 -5 -7 -9 -11 -13 -15 -17 -19 -21 -23 -25 -27 -29 -31 -33 -35

	2004	2005	2006	2007	2008	2009	2010	2011	2012	2013	2014	2015	2016	2017	2018	2019	2020	2021	2022	2023
1	Russell 2000 Value 22.2%	MSCI EAFE 13.5%	MSCI EAFE 26.3%	MSCI EAFE 11.2%	Barclays Agg 5.2%	Russell 2000 Growth 34.5%	Russell 2000 Growth 29.1%	Barclays Agg 7.8%	Russell 2000 Value 18.1%	Russell 2000 Growth 43.3%	S&P 500 Index 13.7%	S&P 500/Citi Growth 3.7%	Russell 2000 Value 31.7%	S&P 500/Citi Growth 25.3%	Barclays Agg 0.0%	S&P 500 Index 31.5%	Russell 2000 Growth 34.6%	S&P 500/Citi Growth 31.0%	S&P 500/Citi Value -6.2%	S&P 500/Citi Growth 28.5%
2	MSCI EAFE 20.2%	S&P 500 Index 4.9%	Russell 2000 Value 23.5%	S&P 500/Citi Growth 7.6%	Russell 2000 Value -28.9%	MSCI EAFE 31.8%	Russell 2000 26.9%	S&P 500/Citi Growth 2.8%	MSCI EAFE 17.3%	Russell 2000 38.8%	S&P 500/Citi Growth 13.3%	S&P 500 Index 1.4%	Russell 2000 21.3%	MSCI EAFE 25.0%	S&P 500/Citi Growth -1.8%	S&P 500/Citi Growth 29.6%	S&P 500/Citi Growth 31.9%	S&P 500 Index 28.7%	Barclays Agg -13.0%	S&P 500 Index 26.3%
3	Russell 2000 18.3%	Russell 2000 Value 4.7%	Russell 2000 18.4%	Russell 2000 Growth 7.0%	Russell 2000 -33.8%	S&P 500/Citi Growth 29.1%	Russell 2000 Value 24.5%	S&P 500 Index 2.1%	Russell 2000 16.3%	Russell 2000 Value 34.5%	S&P 500/Citi Value 9.6%	Barclays Agg 0.5%	S&P 500/Citi Value 14.4%	Russell 2000 Growth 22.2%	S&P 500 Index -4.4%	S&P 500/Citi Value 29.5%	Russell 2000 20.0%	Russell 2000 Value 28.3%	MSCI EAFE -14.5%	S&P 500/Citi Value 19.9%
4	Russell 2000 Growth 14.3%	Russell 2000 4.6%	S&P 500/Citi Value 18.2%	Barclays Agg 7.0%	S&P 500/Citi Growth -36.5%	Russell 2000 27.2%	S&P 500 Index 15.1%	Russell 2000 Growth -2.9%	S&P 500 Index 16.0%	S&P 500 Index 32.4%	Barclays Agg 6.0%	MSCI EAFE -0.8%	S&P 500 Index 12.0%	S&P 500 Index 21.8%	Russell 2000 Growth -9.3%	Russell 2000 Growth 28.5%	S&P 500 Index 18.4%	S&P 500/Citi Value 22.2%	Russell 2000 Value -14.5%	Russell 2000 Growth 18.7%
5	S&P 500/Citi Value 13.7%	Russell 2000 Growth 4.2%	S&P 500 Index 15.8%	S&P 500 Index 5.5%	S&P 500 Index -37.0%	S&P 500 Index 26.5%	S&P 500/Citi Growth 13.2%	S&P 500/Citi Value -2.9%	S&P 500/Citi Value 14.6%	S&P 500/Citi Growth 30.4%	Russell 2000 Growth 5.6%	Russell 2000 Growth -1.4%	Russell 2000 Growth 11.3%	Russell 2000 14.6%	Russell 2000 -11.0%	Russell 2000 25.5%	MSCI EAFE 7.8%	Russell 2000 14.8%	S&P 500 Index -18.1%	MSCI EAFE 18.2%
6	S&P 500 Index 10.9%	S&P 500/Citi Value 3.9%	Russell 2000 Growth 13.3%	S&P 500/Citi Value -0.6%	Russell 2000 Growth -38.5%	Russell 2000 Value 20.6%	S&P 500/Citi Value 12.5%	Russell 2000 -4.2%	Russell 2000 Growth 14.6%	S&P 500/Citi Value 28.8%	Russell 2000 4.9%	Russell 2000 -4.4%	S&P 500/Citi Growth 5.3%	S&P 500/Citi Value 12.6%	S&P 500/Citi Value -11.9%	Russell 2000 Value 22.4%	Barclays Agg 7.5%	MSCI EAFE 11.3%	Russell 2000 -20.4%	Russell 2000 16.9%
7	S&P 500/Citi Growth 5.0%	S&P 500/Citi Growth 2.9%	S&P 500/Citi Growth 9.6%	Russell 2000 -1.6%	S&P 500/Citi Value -41.9%	S&P 500/Citi Value 17.6%	MSCI EAFE 7.8%	Russell 2000 Value -5.5%	S&P 500/Citi Growth 12.3%	MSCI EAFE 22.8%	Russell 2000 Value 4.2%	S&P 500/Citi Value -5.4%	Barclays Agg 2.6%	Russell 2000 Value 7.8%	Russell 2000 Value -12.9%	MSCI EAFE 22.0%	Russell 2000 Value 4.6%	Russell 2000 Growth 2.8%	Russell 2000 Growth -26.4%	Russell 2000 Value 14.6%
8	Barclays Agg 4.3%	Barclays Agg 2.4%	Barclays Agg 4.3%	Russell 2000 Value -9.8%	MSCI EAFE -43.4%	Barclays Agg 5.9%	Barclays Agg 6.5%	MSCI EAFE -12.1%	Barclays Agg 4.2%	Barclays Agg -2.0%	MSCI EAFE -4.9%	Russell 2000 Value -7.5%	MSCI EAFE 1.0%	Barclays Agg 3.5%	MSCI EAFE -13.8%	Barclays Agg 8.7%	S&P 500/Citi Value -1.9%	Barclays Agg -1.5%	S&P 500/Citi Growth -29.5%	Barclays Agg 5.5%

Quelle: FactSet, Stand 07.03.2024.

Im Jahr 2016 liefen also niedrig kapitalisierte Value-Aktien am besten und ausländische Aktien (MSCI EAFE) am schlechtesten. Im nächsten Jahr waren große Wachstumsaktien (S&P 500/Citi Growth) führend, die Auslandsaktien waren am zweitbesten und die Value-Small-Caps waren die schlechteste Aktienkategorie! Aber die Kästchen sind in Bewegung. Wenn man den Gewinner vom letzten Jahr kaufte, bekam man also nicht den Gewinner des nächsten Jahres – auch nicht, wenn man konträr agierte und den Verlierer vom letzten Jahr kaufte. Manchmal läuft ein Stil eine Weile am besten und wird dann wieder überholt. Aber kein Kästchen ist überlegen und die Abbildung hat keine Vorhersagekraft.

Was Sie aus Abbildung 9.1 ebenfalls mitnehmen können: Wenn Sie keinen fundamentalen Grund haben, etwas zu bevorzugen, außer dass es angesagt ist, jagen Sie wahrscheinlich bloß heißer Luft nach. Das mag aus purem Zufall für kurze Zeit funktionieren, aber langfristig ist das keine gewinnbringende Strategie. Tatsächlich ist es mit größerer Wahrscheinlichkeit eine langfristige Verluststrategie.

Verlieben Sie sich nicht auf Dauer. Liebe ist nur eine andere Form von Voreingenommenheit, die einen für die Realität blind macht.

10

WARTEN SIE, BIS SIE SICHER SIND

„Die Aktien scheinen momentan so unsicher zu sein. Ich warte einfach ab, bis sie sich wieder eher normal verhalten – dann mache ich etwas."

Kommt Ihnen das bekannt vor? Haben Sie das schon einmal gesagt oder gedacht? Oder gehört, dass es jemand gesagt hat? Eine Menge Anleger denken so – inmitten einer Baisse oder einer Korrektur und sogar, wenn im Laufe einer normalen Hausse die Volatilität ein bisschen zulegt.

Aber was ist diese Normalität, auf die die Menschen warten? Ein großes Schild mit der Aufschrift „JETZT EINSTEIGEN!"? Oder warten sie darauf, dass die Aktien nicht mehr so verflixt volatil sind und anfangen, in klaren, sauberen, panikfreien, kleinen, aber stetigen Schritten zu steigen?

Wenn Sie darauf warten, können Sie ewig warten. Die Vorstellung, die Aktien würden und sollten sich „normal" verhalten und einem ein ganz klares Kaufsignal geben, ist ein purer Mythos. Normal ist, dass die Aktien volatil sind – manchmal mehr, manchmal weniger, aber jedenfalls volatil. (Lesen Sie noch einmal Kapitel 4.) Und so will man das auch haben. Klingt verdreht, stimmt aber.

Die Finanztheorie sagt es deutlich: Ohne Risiko bekommt man keine große Rendite (und die Volatilität ist nur eines der Risiken). Wenn die Aktien kurzfristig weniger volatil wären, dann wären auch die Renditen im Laufe der Zeit geringer. Wenn man bessere Renditen will, muss man eine höhere kurzfristige Volatilität in Kauf nehmen. Wenn man eine geringere kurzfristige Volatilität will, muss man mit geringeren Renditen rechnen.

Aber die Idee, dass Anleger warten sollten, bis die Dinge klarer erscheinen, taucht in der steilen, schmerzhaften Bodenbildungsphase von Baissen häufiger auf – also in den Tagen, in denen die Aktien wild ausschlagen können, vielleicht vier, fünf, sechs Prozent oder noch mehr an einem einzigen Tag! Holla!

Zu solchen Zeiten kann es einem wie ein kluger Schachzug vorkommen, noch ein bisschen abzuwarten, bis die Lage klarer wird – bis man sich sicher ist, dass die Baisse vorbei und die nächste Hausse im Gange ist. Vielleicht sind Sie schon investiert und sind während der Baisse die ganze Zeit im Markt geblieben. Aber die Launen des Marktes im Endstadium der Baisse ermüden Sie – und Sie haben Angst, dass noch mehr davon kommt. Sollten Sie aussteigen, das Ende abwarten und wieder einsteigen, wenn die Zeichen deutlicher sind? (Eine andere Frage: Können Sie den Markt zeitlich so gut abpassen? Wenn ja, wieso haben Sie den Höhepunkt nicht abgepasst?)

Vielleicht sind Sie auch schon draußen und wissen, dass Sie wieder einsteigen sollten. Aber wann? Wenn Sie draußen sind, kann die Entscheidung zum Wiedereinstieg unglaublich schwer sein – vielleicht schwerer als die Entscheidung zum Ausstieg. Ist es nun besser, abzuwarten, bis sicher ist, dass die Baisse vorbei ist?

Nein – Klarheit gehört zu den teuersten Dingen, die man an den Kapitalmärkten kaufen kann. Das gilt unabhängig davon, ob eine Hausse, eine Baisse oder eine der unzähligen zwischenzeitlichen Gegentrend-Rallyes läuft. Und so sehr es auch der Intuition zu widersprechen scheint: In Wirklichkeit ist das Risiko dann am kleinsten, wenn die Angst am größten und die Stimmung am schwärzesten ist – genau in der Talsohle der Baisse. Klarheit ist fast immer eine Illusion – und zwar eine sehr teure.

Niemand kann den Tiefpunkt einer Baisse perfekt abpassen. Man kann natürlich Glück haben! Aber Glück ist keine Strategie – es ist Zufall. So schmerzhaft die wilden Ausschläge in der späten Phase einer Baisse kurzfristig auch sind, man will auf keinen Fall den Beginn einer neuen Hausse verpassen. Die Erträge einer neuen Hausse sind extrem schnell und massiv – sie gleichen fast sofort die späte Volatilität einer Baisse aus. Selbst wenn man die letzten 15 bis 20 Prozent einer Baisse mitmacht, sind diese Verluste fast sicher klein im Vergleich zum ersten Aufwärtsimpuls der nächsten Hausse.

Der große Erniedriger bei der Arbeit

Abbildung 10.1 zeigt, wie eine typische Baisse funktioniert – wie eine Sprungfeder. Je mehr man sie zusammendrückt, umso stärker federt sie zurück. Natürlich können Baissen einen doppelten Boden ausbilden (und tun das auch oft), aber das macht die Rückfederbewegung nicht kleiner. Und wenn man ihnen genug Zeit lässt, lösen sich W-förmige Bodenbildungen eher in Richtung V auf.

Wenn eine Baisse beginnt, lösen sich verschlechternde Fundamentaldaten den ersten Rückgang aus. Die Menschen meinen, eine Baisse würde mit einem großen Knall beginnen – das tut sie aber gewöhnlich nicht. Die rauschende Baisse des Jahres 2020 war eine Anomalie. Dieser Knall resultierte aus nie da gewesenen staatlichen Lockdowns – eine künstliche Pause, keine authentische Verschlechterung des Konjunktur- und Börsenzyklus.

Normalerweise sind allerdings Korrekturen, die inmitten läutender Alarmglocken auftreten – mit einem großen, von der Stimmung getriebenen Absacker –, das, was den meisten eine Heidenangst macht.

Wenn sich auch Bärenmärkte dadurch ankündigen würden, dass sie einem eine Heidenangst einjagen, wäre vieles leichter. „Hallo! Großer Bär im Anmarsch!" Aber der Grund, weshalb sich so viele Menschen umgarnen lassen, ist die Tatsache, dass sich die Höhepunkte von Haussen häufig hinziehen und sich dann die neue Baisse langsam nach unten arbeitet. Das sieht nicht nach einer Baisse aus und fühlt sich auch nicht so an – es kommt einem vor wie eine wechselhafte Seitwärtsbewegung, wie sie auch im Laufe von Haussen vorkommt!

Abbildung 10.1 Hypothetische V-förmige Erholung

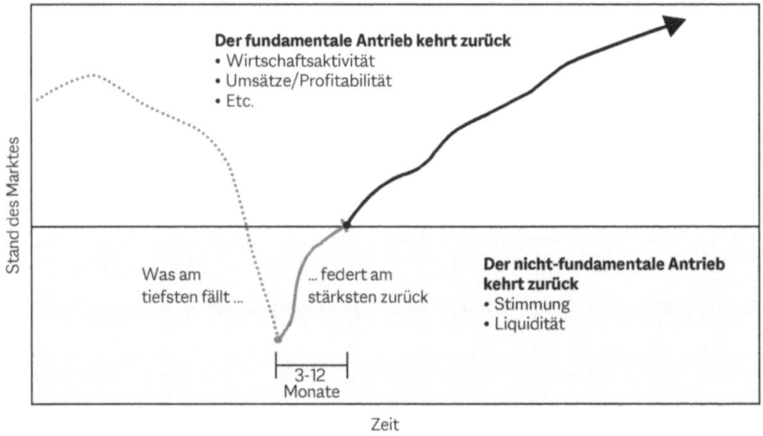

Anmerkung: Nur zu Illustrationszwecken. Nicht maßstabsgerecht. Nicht als Prognose zu interpretieren.

Ich bezeichne den Aktienmarkt als den „großen Erniedriger" – sein Ziel ist es, so viele Menschen wie möglich so lange wie möglich und durch so viele Dollar wie möglich zu erniedrigen. Und ein Lieblingstrick des Erniedrigers besteht darin, die Menschen durch eine langwierige Gipfelbildung der Hausse in falscher Sicherheit zu wiegen. Ein plötzlicher Knalleffekt würde es den Menschen zu leicht machen, zu erkennen, dass sich eine Baisse ausbildet, und ihr unter minimaler Erniedrigung zu entkommen.

Der Knall erfolgt erst im späteren Teil. Ab einem gewissen Punkt nehmen abnehmende Liquidität (wie wir es im Herbst 2008 während der Finanzkrise erlebt haben) und sinkende Stimmung den Fundamentaldaten das Ruder aus der Hand. Daraus resultiert oft eine Panik.

Aber eine Panik besteht gewöhnlich nur aus Stimmung und dem vorübergehenden Liquiditätsmangel, der mit der Stimmungsänderung einhergeht, doch wird sie oft mit etwas Fundamentalem verwechselt. Oft lösen sich die Aktienbewertungen dann von der Realität. Deshalb ist es so verteufelt schwer, die Tiefpunkte von Baissen zeitlich abzupassen. Die Stimmung kann man sowieso nur schwer mit irgendeiner Form von Genauigkeit einschätzen. Und die Stimmung ändert sich schnell – das ist auch der Grund, weshalb sich zu Beginn der neuen Hausse die rechte Seite des V-förmigen Bodens genauso schnell bilden kann.

Die V-förmige Erholung

Oft glauben die Menschen nicht an eine neue Hausse – häufig sogar Jahre nach ihrem Beginn nicht. Aber vor allem in der Frühphase nicht. Sie fragen sich: „Wie kann das eine Hausse sein, wo doch alles so schlimm ist?“

Und vielleicht ist wirklich alles ziemlich schlimm. Haussen fangen oft an, bevor konjunkturelle Abschwünge die Talsohle erreichen. Aber die Aktien boomen nicht etwa, weil sich die Lage bessert. Vielmehr boomen sie, weil alle Welt Armageddon erwartet, aber Armageddon zu einem bestimmten Zeitpunkt nicht stattfindet und den Menschen klar wird, dass die Wirklichkeit gar nicht so düster ist. Die Panik war überzogen. Nur dieses sanfte Gefühl, das mit enorm gedrückten Bewertungen verschmilzt, kann dazu führen, dass die Aktien wie eine Gewehrkugel durchstarten. (Das galt sogar in dem äußerst wilden Jahr 2020. War in jenem März auf der Welt alles in Ordnung? Wohl kaum. Aber die Aktien begannen bereits zu steigen, bevor Klarheit hineinkam.) Die Form der Anfangsphase der neuen Hausse entspricht normalerweise ungefähr der Geschwindigkeit und Form am Ende der Baisse – ich bezeichne das als Effekt der V-förmigen Erholung.

(Eine weitere übliche Eigenschaft der V-Form: Wenn im Endstadium einer Baisse die Stimmung für hohe Volatilität sorgt, federn diejenigen Kategorien, die am tiefsten gefallen sind, meist in der Anfangsphase der neuen Hausse am kräftigsten zurück. Mehr darüber können Sie in Kapitel 19 meines Buches „Debunkery" aus dem Jahr 2010 nachlesen.)

Das ist keine bloße Theorie – wir sehen die V-Form in der gesamten Geschichte. Die Abbildungen 10.2 bis 10.6 zeigen einige geschichtliche V-förmige Erholungen. Manchmal enden Baissen eher in einem W mit doppeltem Boden – wobei die beiden Böden ein paar Monate auseinanderliegen. Oder es sieht kurzzeitig so aus, als wäre da ein W – aber innerhalb kürzester Zeit löst es sich in einem einfachen V-Muster auf und der Boden des W erscheint im Vergleich dazu winzig.

Wenn man diese riesigen Erträge aus dem Beginn der V-förmigen Erholung verpasst, während man auf ein eingebildetes Gefühl der „Klarheit" wartet, kann das bedeuten, dass einem die Chance entgeht, einen großen Teil seiner Verluste aus der vorangegangenen Baisse wettzumachen. Und es schadet einem im Verhältnis zur Benchmark.

Der überkommene Teil unseres Gehirns sagt uns: „Hoppla, das ging ja ganz schön abwärts. Schützen wir uns, damit wir nicht noch tiefer fallen!" Wenn wir auf dieser Grundlage handeln, haben wir vielleicht sofort ein besseres Gefühl – aber nur für kurze Zeit. Das kann uns jedoch der enormen Erträge berauben, die wir normalerweise durch die anfängliche V-förmige Erholung bekommen. Die kompensieren vielleicht nicht die gesamte Baisse, aber auf jeden Fall bringen sie einen auf den richtigen Weg.

Abbildung 10.2 Eine echte V-förmige Erholung - 1942

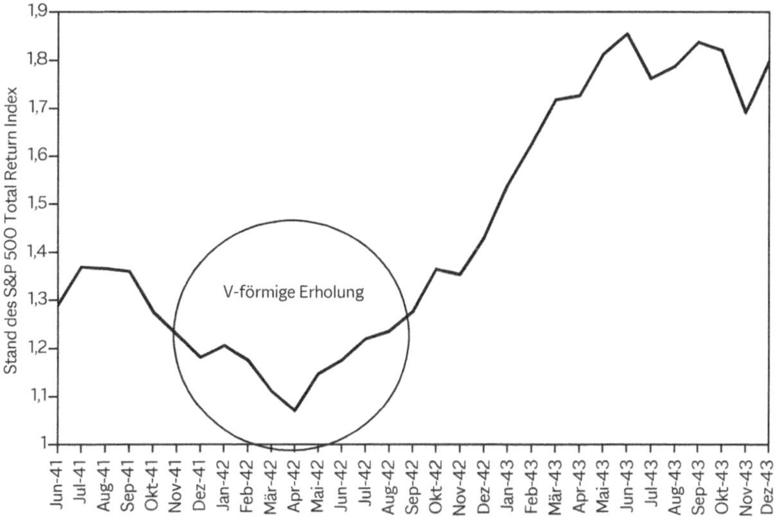

Quelle: Global Financial Data, Inc., Stand 15.03.2024.

Abbildung 10.3 Eine echte V-förmige Erholung - 1974

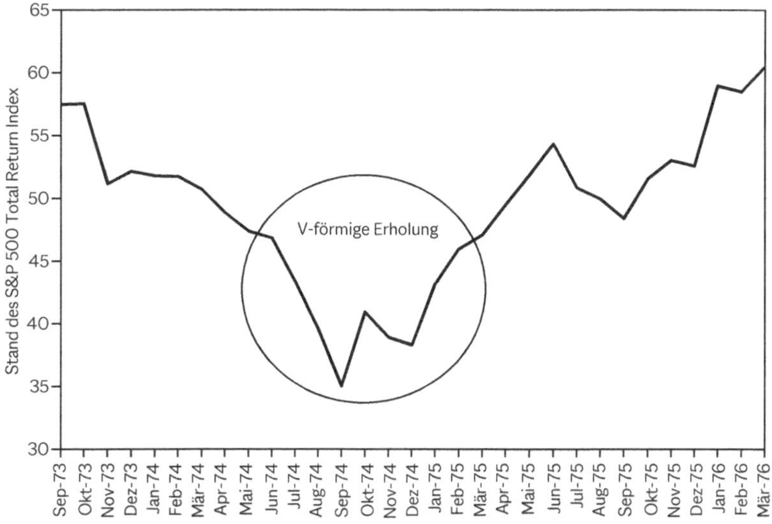

Quelle: Global Financial Data, Inc., Stand 15.03.2024.

Abbildung 10.4 Eine echte V-förmige Erholung - 2002

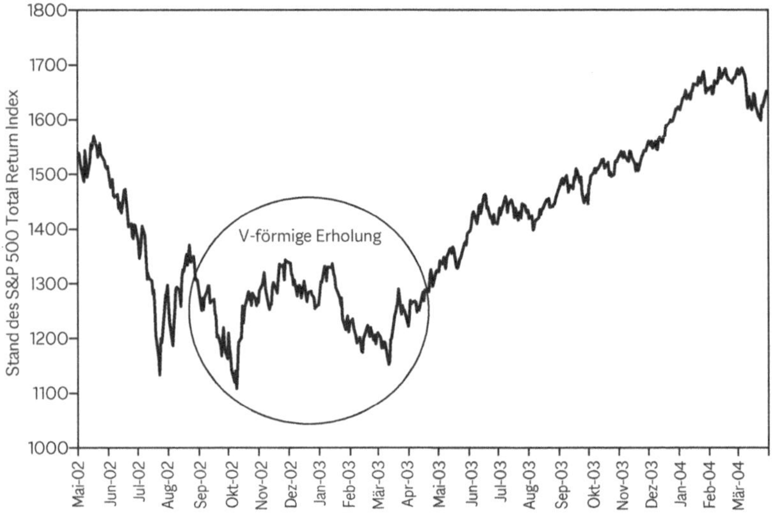

Quelle: Global Financial Data, Inc., Stand 15.03.2024

Abbildung 10.5 Eine echte V-förmige Erholung - 2009

Quelle: Global Financial Data, Inc., Stand 15.03.2024

Abbildung 10.6 Eine echte V-förmige Erholung - 2020

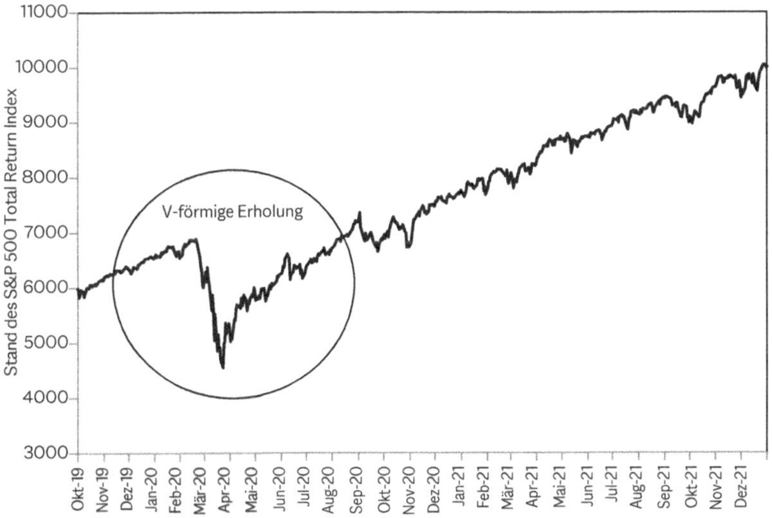

Quelle: Global Financial Data, Inc., Stand 15.03.2024

Die Volatilität ist auf beiden Seiten des V-förmigen Bodens immens. Erst im Rückblick weiß man, welche Art von Volatilität man durchgemacht hat – das Ende einer Baisse oder den Beginn einer Hausse. Aber wenn einem diese frühen Erträge entgehen, wird man es bereuen. Abbildung 10.7 zeigt, wie massiv diese frühen Erträge sein können – in den ersten drei Monaten im Schnitt 24,3 Prozent und in den ersten zwölf Monaten im Schnitt 48,6 Prozent! Außerdem bringen die ersten zwölf Monate konsequent große, schnelle Gewinne – natürlich manchmal schneller und größer als in anderen Fällen, aber nichtsdestoweniger immer groß und schnell. Die durchschnittliche Jahresrendite einer Hausse beträgt circa 26 Prozent, aber das erste Jahr einer Hausse bringt im Schnitt fast das Doppelte ein![1]

Und fast die Hälfte der Erträge im ersten Jahr fallen gewöhnlich (aber nicht immer) in den ersten drei Monaten an! Aber auch hier ist der Markt tückisch, denn in den Fällen, in denen es in den ersten Monaten nicht so geradlinig nach oben geht, neigen die Menschen zu dem Glauben, das sei ein Anzeichen dafür, dass der große Aufschwung gar nicht kommt. Das ist wieder so eine übliche Taktik des Marktes als großer Erniedriger, bei der er die Menschen durch Antäuschen irritiert. Manchmal ist die Bodenbildung, wenn sie auf der linken Seite des V unruhig verläuft, auch auf der rechten Seite unruhig, was die Anleger entmutigt. Aber fast immer bildet sich das V im Laufe eines Jahres.

So fangen die allermeisten Haussen an – man kann das in der Geschichte sehen. Doch anstatt nach einem V (oder W) halten die Menschen gewöhnlich nach der quälend langwierigen L-Form Ausschau. Doch ich fordere sie heraus, drei Beispiele dafür zu finden, dass dies in der Geschichte der entwickelten Länder jemals passiert ist. Nur der Ausbruch des Zweiten Weltkriegs klopfte eine globale Hausse selbstverständlich in die Form eines langwierigen L. Im Jahr 1938 startete eine aufkeimende Hausse, aber sie wurde schon bald abgewürgt, als die Nazis 1939 in das Sudetenland einmarschierten. Den Boden erreichten die Aktien erst 1942 – und stiegen dann wieder richtig kräftig an.

Wenn man überzeugt ist, dass Aktien nach dem Boden keinen Aufschwung erleben, sollte man lieber einen verflucht guten Grund dafür haben. Nur die Bedrohung durch die Nazis, kombiniert mit der kommunistischen Sowjetmacht, reichte aus, um jemals eine legitime V-förmige Erholung zu verhindern. Und auch das verzögerte sie eigentlich nur – nach dem Boden 1942 bildeten die Aktien die rechte Seite des V aus. Aktien sind widerstandsfähig. Das ist kein Mythos.

Abbildung 10.7 Die ersten 3 und die ersten 12 Monate einer neuen Hausse - S&P 500

Beginn der Hausse	Ende der Hausse	Rendite in den ersten 3 Monaten	Rendite in den ersten 12 Monaten
1.6.1932	6.3.1937	92,30%	120,90%
28.4.1942	29.5.1946	15,40%	53,70%
13.6.1949	2.8.1956	16,20%	42,00%
22.10.1957	12.12.1961	5,70%	31,00%
26.6.1962	9.2.1966	7,30%	32,70%
7.10.1966	29.11.1968	12,30%	32,90%
26.5.1970	11.1.1973	17,20%	43,70%
3.10.1974	28.11.1980	13,50%	38,00%
12.8.1982	25.8.1987	36,20%	58,30%
4.12.1987	16.7.1990	19,40%	21,40%
11.10.1990	24.3.2000	6,70%	29,10%
9.10.2002	9.10.2007	19,40%	33,70%
9.3.2009	19.2.2020	39,30%	68,60%
20.3.2020	3.1.2022	40,00%	74,80%
12.10.2022	???	11,40%	21,60%
Durchschnitt		**24,30%**	**48,60%**

Quelle: Global Financial Data, Inc., Stand 15.03.2024, die durchschnittliche Kursrendite des S&P 500 wurde für alle Hausse-Perioden bis zum 03.01.2022 berechnet.

11

STOPPKURSE STOPPEN VERLUSTE

„Ein Stoppkurs kann Ihre Verluste stoppen!"

Schon der Name „Stop-Loss" klingt gut. Wer möchte nicht seine Verluste stoppen? Bloß machen Stoppkurse nicht das, was die Menschen von ihnen wollen. Vielmehr neigen sie dazu, steuerpflichtige Vorfälle und höhere Transaktionskosten auszulösen. Und sie stoppen öfter Gewinne als Verluste – im Durchschnitt verliert man durch sie langfristig Geld. Glauben Sie diesen kostspieligen Mythos nicht.

Die Popularität von Stoppkursen steigt und fällt. In den Spätphasen von Haussen hört man meistens nicht viel davon. Von Sir John Templeton stammt der berühmte Ausspruch: „Haussen werden im Pessimismus geboren, wachsen in der Skepsis, reifen im Optimismus und sterben an Euphorie." Stop-Losses sind normalerweise ein Spiel mit Pessimismus und Skepsis, aber sie finden unabhängig vom Marktzyklus ihre Anhänger. Tendenziell kommen sie bei Menschen gut an, die meinen, Abwärtsvolatilität sei schlecht und Aufwärtsvolatilität sei überhaupt keine Volatilität. Doch wie in Kapitel 4 besprochen, bekommt man ohne Abwärtsbewegungen keine Aufwärtsbewegungen.

Der Stop-Loss-Mechanismus

Für die Uneingeweihten: Ein Stop-Loss ist eine mechanische Methode, etwa in Form einer bei einem Broker aufgegebenen Order, eine Aktie (oder eine Anleihe, einen börsennotierten Fonds [ETF], einen Investmentfonds, den Gesamtmarkt oder was auch immer) automatisch zu verkaufen, wenn sie um einen bestimmten Betrag fällt.

Dieser Betrag bleibt Ihnen überlassen! Es gibt für einen Stop-Loss keinen „richtigen" Betrag (vor allem, weil es kein Niveau gibt, das erwiesenermaßen die langfristige Performance verbessert). Normalerweise suchen sich die Menschen dafür runde Zahlen aus, zum Beispiel zehn Prozent, 15 Prozent oder 20 Prozent unter ihrem Kaufpreis. Dafür gibt es keinen bestimmten Grund – der Mensch mag einfach runde Zahlen. Hübsch und sauber. Sie könnten auch 11,385 Prozent oder 19,4562 Prozent nehmen, aber das tun sie nicht. Es gibt keinen statistischen Grund, aus dem 20 Prozent besser wären als 19,4562 Prozent.

Dahinter steht der Gedanke, dass der Stop-Loss die Anleger angeblich vor großen Verlusten bewahrt. Wenn eine Aktie fällt und den Stoppkurs erreicht, wird sie verkauft. Keine katastrophalen Verluste von 80 Prozent. Klingt doch verlockend! Wer will seine Verluste denn nicht stoppen?

Aber sie funktionieren einfach nicht – jedenfalls nicht so, wie es sich die Menschen erhoffen.

Wenn sie funktionieren würden, dann würden alle Profis sie verwenden. Größere Gewinne bei begrenztem Verlustrisiko – das ist der Traum jedes Vermögensverwalters. Das würde den Kunden mehr Geld einbringen. Mehr Geld für die Kunden bedeutet mehr Geld für den Manager. Win-win-win! Jedoch ist mir kein bedeutender langfristig erfolgreicher Vermögensverwalter bekannt, der Stop-Losses einsetzt – nicht einmal gelegentlich. Ich habe keinen Zweifel, dass einige Verkaufsbeauftragte im Finanzbereich Werbung dafür machen. Nicht weil sie dadurch ihre Performance verbessern würden (denn das würden sie wahrscheinlich nicht), sondern weil Stop-Losses zu Verkäufen zwingen – und wenn man nach Transaktionen bezahlt wird, sind Stop-Losses eine gute Möglichkeit, die Anzahl der Transaktionen zu steigern. Selbst in der heutigen Zeit der niedrigen Gebühren sind Transaktionen Chancen für Verkaufsbeauftragte. Gut für den Verkaufsbeauftragten, aber ein Interessenkonflikt und für den Kunden nicht optimal.

Es besteht keine serielle Korrelation zwischen Aktienkursen

Damit man glauben kann, dass Stop-Losses funktionieren, muss man glauben, dass Aktienkurse seriell korreliert sind. Wenn etwas *seriell korreliert* ist, bedeutet das, dass die früheren Preisbewegungen künftige Preisbewegungen vorhersagen. Das heißt, eine fallende Aktie fällt weiter und eine steigende Aktie steigt weiter.

Es gibt einen Investitionsansatz, der auf dieser Idee basiert, genannt *Momentum-Investing.* Entgegen einer Vielzahl von wissenschaftlichen Studien (ganz zu schweigen von empirischen Belegen) glauben diese Anleger, dass Kursbewegungen vorhersagbar sind. Sie kaufen Gewinner und verkaufen Verlierer. Sie suchen nach Mustern in Charts. Aber Momentum-Anleger schneiden im Durchschnitt nicht besser ab als Anhänger anderer Investitionsansätze. Meistens schneiden sie sogar schlechter ab. Können Sie fünf legendäre Momentum-Anleger nennen? Mir fällt kein einziger ein.

Stop-Losses und Momentum-Investing funktionieren nicht, *weil Aktien nicht seriell korreliert* sind. Eine gestrige Preisbewegung hat für sich genommen keinerlei Einfluss darauf, was heute oder morgen passiert.

Aktien, die um einen bestimmten Betrag fallen – seien es nun 5 Prozent, 7 Prozent, 10 Prozent, 15 Prozent oder 19,4562 Prozent – fallen nicht mit größerer Wahrscheinlichkeit als andere. Und doch verhalten sich die Anhänger von Stoppkursen so, als wäre dem so. Denken Sie einmal gründlich darüber nach: Würden Sie nur Aktien kaufen, die ein großes Stück gestiegen sind? Sie wissen instinktiv, dass das nicht funktionieren würde. Manchmal steigt eine Aktie, die schon stark gestiegen ist, weiter, manchmal fällt sie, und manchmal bewegt sie sich seitwärts. Meiner Vermutung nach haben die meisten Menschen das intuitiv verstanden: Was steigt, muss nicht zwangsläufig weiter steigen. Warum verstehen die Leute das auf der Abwärtsseite dann nicht richtig?

Sicherlich sprechen Stop-Losses den Höhlenmenschen-Teil unserer Gehirne an, der Verluste intensiver hasst, als er Gewinne liebt (man bezeichnet das auch als *kurzsichtige Verlustaversion*). Aber wenn man evolutionsbedingten Reaktionen zum Opfer fällt, schadet das bei der Geldanlage öfter, als es einem hilft. Wer will schon investieren wie ein Höhlenmensch?

Suchen Sie sich ein Niveau aus. Irgendein Niveau

Nehmen wir an, Sie wollten trotzdem Stoppkurse einsetzen – entgegen meiner Empfehlung und dem in der Branche üblichen Hinweis, dass „die Wertentwicklung in der Vergangenheit kein verlässlicher Indikator für künftige Ergebnisse ist". Welches Niveau würden Sie sich aussuchen? Und warum? Nehmen wir an, Sie würden 20 Prozent wählen, ganz einfach, weil Ihnen die Zahl 20 gefällt. (Dieser Grund ist genauso gut wie jeder andere, um ein Stoppkurs-Niveau auszusuchen.) Wenn eine Aktie um mehr als diesen Betrag fällt, wird der Stop-Loss ausgelöst und Sie verkaufen automatisch.

Allerdings besteht prinzipiell eine Fifty-fifty-Chance, dass sie entweder noch weiter fällt oder die Richtung wechselt. Sie handeln also aufgrund eines Münzwurfs. Und Münzwürfe sind schlechte Anlageberater.

Beispielsweise unterbricht Sie der Stop-Loss nicht und fragt Sie: „Was glaubst du eigentlich, warum die Aktie um 20 Prozent gefallen ist? War das, weil der Gesamtmarkt so weit korrigiert hat und deine Aktie einfach mitgelaufen ist?“ Marktkorrekturen sind verbreitet – Sie passieren ungefähr einmal im Jahr. Wenn eine Aktie zusammen mit dem Gesamtmarkt fällt, ist nicht unbedingt die Aktie daran schuld. Und dann schützt einen der Stoppkurs nicht vor einem Verlust. Er bedeutet lediglich, dass man in einem relativen Tief verkauft und zusätzliche Transaktionsgebühren bezahlt hat. Dann kann es passieren, dass man auf Bargeld sitzt, wenn der Markt – und damit die soeben verkaufte Aktie – schnell die Richtung ändert und auf neue Höchststände steigt. Das heißt, man kauft teuer und verkauft billig.

Und was kauft man dann als Nächstes? Vielleicht fällt die nächste Aktie, die man kauft, am Ende auch um 20 Prozent und löst wieder den Stoppkurs aus. Und das wieder und wieder und wieder. Man kann so lange Aktien kaufen, die 20 Prozent (oder zehn Prozent oder 19,4562 Prozent) verlieren, bis man fast auf null steht. Nur weil man einen Stoppkurs verwendet, ist noch nicht garantiert, dass die als Nächstes gekaufte Aktie steigen wird. Und vielleicht hat die erste Aktie, die man automatisch verkauft hat, die Richtung gewechselt und ist im Laufe des nächsten Jahres mehr als 80 Prozent nach oben geschossen. Und Sie haben das verpasst! Sie haben zu einem relativen Tief verkauft, zweimal Transaktionsgebühren bezahlt und den besten Teil verpasst. Vielleicht sagen Sie sich selbst, dass Sie sie zurückkaufen, sobald Sie der Meinung sind, dass der Ärger vorbei ist. Quatsch. Wenn Sie automatisch verkauft haben, auf welche Fundamentaldaten achten Sie dann, die Ihnen sagen sollen, dass Sie die Aktie zurückkaufen sollten? Und wenn Sie irgendwie mit Gewissheit wissen könnten, wann der Ärger vorüber ist, bräuchten sie ja gar keinen Stoppkurs. Davon abgesehen wären Sie dann wahrscheinlich schon unvorstellbar reich und würden nicht dieses Buch lesen.

Hier noch eine andere Art, dies zu betrachten: Nehmen wir an, Sie kaufen die Aktie XYZ für 50 Dollar und sie springt auf 100 Dollar in die Höhe. Dann kauft Ihr Freund Bob die Aktie und sie fällt auf 80 Dollar – das sind -20 Prozent. Sollten Sie nun beide verkaufen? Oder nur Bob mit seinem höheren Einstandskurs? Für ihn ist die Aktie um 20 Prozent gefallen, aber für Sie steht sie 60 Prozent im Plus. Bedeutet das nun, dass die Aktie für Sie in Ordnung ist, aber für ihn nicht? Und warum?

Das ist das Problem an Stop-Losses. Auf die Frage „Warum?" gibt es keine andere Antwort als: Darum. Und *Darum* ist keine Strategie.

Stop-Losses garantieren keinen Schutz gegen Verlust. Sie erhöhen sogar die Chancen, dass man Kursgewinne verpasst, und sie steigern definitiv die Transaktionskosten – und das ist vielleicht der Grund, weshalb manche Broker nie aufgehört haben, dafür Werbung zu machen. Es gibt keinen Beleg dafür, dass sie bessere Ergebnisse produzieren, aber es gibt bergeweise Belege für das Gegenteil. Vielleicht stellt man sie sich lieber unter dem Namen vor, der besser zu ihnen passt: Stop-Gains. Stoppen Sie sich selbst, bevor Sie Stoppkurse einsetzen.

12

HOHE ARBEITSLOSIGKEIT IST FÜR AKTIEN TÖDLICH

„Hohe Arbeitslosigkeit zieht die Konjunktur und die Börse nach unten.“

Dieser Mythos – und er ist ganz entschieden und zweifelsfrei belegbar ein Mythos – gehört zu den am tiefsten verwurzelten wirtschaftlichen und anlagebezogenen Irrtümern überhaupt. Er steht auf einer Stufe mit der Überzeugung, dass Staatsschulden grundsätzlich schlecht seien (mehr dazu in Kapitel 13) – Mythen also, an die jedermann mit ganzer Seele glaubt, unabhängig von Ideologie oder Weltanschauung.

Alle Politiker verkünden, hohe Arbeitslosigkeit sei schlecht für die Wirtschaft und somit auch für den Aktienmarkt. (Aber sie sind niemals daran schuld! Schuld ist immer die Opposition.) Und die Politiker sind in ihrer unversöhnlichen Ansicht vereint, hohe Arbeitslosigkeit *verursache* Konjunkturschwäche.

Doch das ist grundsätzlich verkehrt herum. Für die Arbeitslosen und ihre Familien kann Arbeitslosigkeit entsetzlich sein, und uns allen wäre es lieber, wenn jeder, der eine Stelle will, leichter eine bekommen würde. Aber das ändert nichts an der Tatsache, dass die Arbeitslosigkeit ein nachlaufender Indikator ist, dass sie schon immer einer war und auch immer einer sein wird. Anders ausgedrückt: Die Arbeitslosigkeit, ob hoch oder niedrig, ist das *Ergebnis* der früheren konjunkturellen Bedingungen, keine *Ursache* der künftigen konjunkturellen Richtung. Wir brauchen keine niedrige Arbeitslosigkeit, damit die Wirtschaft wächst, und hohe Arbeitslosigkeit verhindert nicht, dass die Wirtschaft weiterhin wächst. Wirtschaftswachstum führt zu Einstellungsbedarf, und eine schrumpfende Wirtschaft führt dazu, dass die Zahl der Beschäftigten reduziert werden muss.

Man sieht das alles ganz leicht, wenn man wie ein Firmenchef denkt und nicht so, wie es sich die Politiker von einem wünschen.

Sehen Sie es wie ein Firmenchef

Stellen Sie sich vor, Sie wären der Chef der ABC Dingsbums AG. Nach vier oder fünf Jahren stetigen Gewinnwachstums beginnen Ihre Einnahmen zu fallen. Am Anfang gehen sie nur langsam zurück, sodass Sie meinen, Sie könnten sich durchschleppen. Sie fangen an, Kosten zu senken – Sie sagen Ihren Angestellten, sie sollen Zoom nutzen, anstatt zu Terminen mit neuen Kunden zu fliegen. Sie verschieben Expansionspläne. Dann sinkt der Umsatz noch schneller und Sie senken die Kosten noch weiter. Irgendwann wird Ihnen klar, dass der Umsatz wahrscheinlich nicht so bald wieder anzieht. Sie sind nicht sicher, ob eine offizielle Rezession im Anmarsch ist – in den Vereinigten Staaten werden Rezessionen immer nachträglich offiziell datiert (vom National Bureau of Economic Research – NBER). Sie wissen aber, wie Ihr Unternehmen läuft, und laut dem, was Sie von den Zulieferern, Lieferanten etc. hören, haben Sie die Befürchtung, dass ein längerer Abschwung im Gange sein könnte.

Auch ist Ihnen klar, dass Sie die Kosten schon so weit gesenkt haben, wie Sie können, und dass sie jetzt den letzten Punkt angehen müssen, an dem Arbeitgeber die Kosten senken wollen: die Angestellten. Das gefällt Ihnen zwar ganz und gar nicht, doch um die Firma über Wasser zu halten, müssen Sie die Anzahl der Beschäftigten senken.

Auch das begreifen die Politiker nicht. Arbeitgeber hassen es, Mitarbeiter zu entlassen. Sie tun das nicht leichtfertig. Aber wenn Sie die Beschäftigtenzahl nicht senken, könnten Sie die gesamte Firma gefährden – und eine bankrotte Firma führt zu viel mehr Arbeitslosen. Und wenn eine Firma einen Abschwung überlebt, kann sie normalerweise irgendwann wieder Beschäftigte einstellen.

Also senken Sie die Zahl der Beschäftigten. Und vielleicht zieht nach drei, vier oder fünf harten Quartalen der Umsatz wieder ein kleines bisschen an. Von Ihren Spitzenumsätzen sind Sie zwar noch weit entfernt, aber der Gewinn entwickelt sich in die richtige Richtung, und zwar zum großen Teil dank Ihrer kostensenkenden Maßnahmen.

Fangen Sie dann an, wieder Arbeitskräfte einzustellen? Nein! Es sei denn, Sie wollen, dass ihr Aufsichtsrat Sie entlässt! Zunächst einmal wissen Sie nicht, ob der Umsatzzuwachs ein einmaliger Ausschlag war. Außerdem kommen Ihre Beschäftigten mit dem jetzigen Umsatzvolumen ganz gut zurecht. Vielleicht nicht nur ganz gut, sondern sogar sehr gut – sie haben neue Prozesse erfunden, die ihnen bei der geringeren Mitarbeiterzahl das Leben erleichtern. Und das ist der Hoffnungsstrahl, den Rezessionen mit sich bringen – bei vielen Firmen steigt die Produktivität dann enorm, weil die verbliebenen Mitarbeiter lernen, mit weniger zurechtzukommen. Und dank dieser Produktivitätszuwächse schaffen die Firmen sogar bei kleinen Umsatzzuwächsen ein enormes Gewinnwachstum.

Ein paar Quartale vergehen, aber Sie stellen immer noch nicht ein. Der Umsatz bessert sich zwar, aber ganz erholt hat er sich noch nicht. Immerhin fahren Sie einen netten Profit ein und Sie haben es nicht eilig, ihn auszugeben, denn es könnte sein, dass ein stets befürchtetes, aber selten vorkommendes Phänomen eintritt: eine Double-Dip-Rezession. Ein Geldpolster kann dazu beitragen, künftige Schlaglöcher aufzufüllen.

Irgendwann werden Sie zuversichtlicher, dass sich der Umsatz nachhaltig auf dem Weg nach oben befindet. Vielleicht datiert das NBER das Ende der Rezession ein paar Quartale zurück. Aber Sie haben es immer noch nicht eilig, Vollzeit-Arbeitskräfte einzustellen. Vielleicht fangen Sie mit Teilzeitkräften oder Zeitarbeitern an – sie sind billiger einzustellen und leichter zu entlassen, wenn sich das Blatt schnell wendet. Aber irgendwann, wenn Sie überzeugt sind, Sie könnten ihren künftigen Umsatz gefährden, wenn Sie nicht die Beschäftigtenzahl deutlich erhöhen, fangen Sie an, wieder Vollzeit-Arbeitskräfte in nennenswerter Anzahl einzustellen.

Aus dieser Sicht leuchtet es ein, dass die Arbeitslosigkeit nicht schon *vor* dem Ende einer Rezession zurückgeht. Dann leuchtet es auch ein, dass die Arbeitslosigkeit sogar noch eine Zeit lang steigen oder hoch bleiben kann, wenn die Konjunktur die Talsohle durchschritten hat und sich wieder erholt. Darum sind die meisten konjunkturellen Erholungen anfänglich „arbeitslose Erholungen" – und sorgen für einen Haufen irritierte Schlagzeilen.

Die Konjunktur führt, die Arbeitslosigkeit läuft nach

Das ist keine bloße Theorie. Die Abbildungen 12.1 und 12.2 zeigen den historischen Verlauf der Arbeitslosenquote und dazu die Rezessionen. (Ich habe die historischen Zahlen in zwei Teile geteilt, damit Sie wirklich sehen können, wie sich die Arbeitslosigkeit am Beginn und am Ende von Rezessionen entwickelt.) Sie sehen, dass die Arbeitslosigkeit in der gesamten Geschichte nie vor dem Ende einer Rezession zurückgegangen ist. Das Gegenteil ist der Fall – oft steigt sie nach einer Rezession und *bleibt* dann noch viele Monate oder gar Jahre *hoch*. Das ist nicht unnormal – es ist normal und man sollte damit rechnen. Wenn die Arbeitslosigkeit vor dem Ende einer Rezession fiele, wäre das seltsam und es würde den wirtschaftlichen Fundamentaldaten und der tatsächlichen Geschichte widersprechen. Und doch reden die Politiker und Experten so, als müsste es so sein!

Abbildung 12.1 Arbeitslosigkeit und Rezessionen 1929 bis 1976

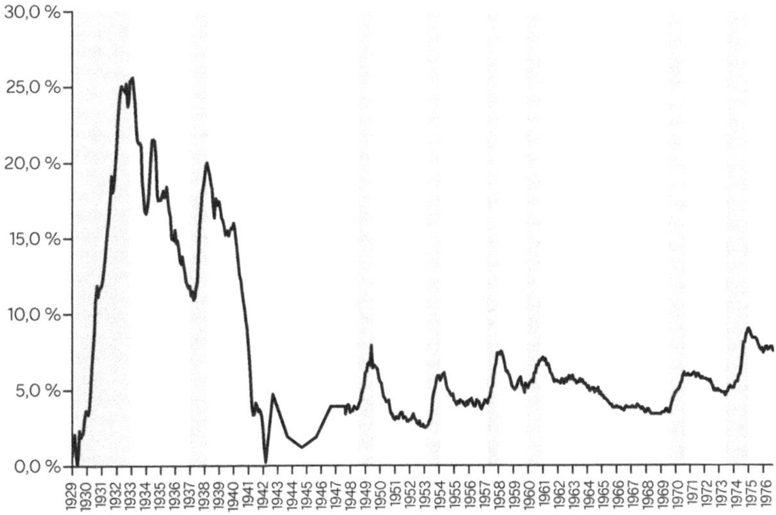

Quellen: Global Financial Data, Inc., US Bureau of Labor Statistics, Federal Reserve Bank of St. Louis, Stand 28.03.2024.

Schlägt man irgendeine Zeitung auf, könnte man meinen, niedrige Arbeitslosigkeit *verursache* Wirtschaftswachstum. Doch wenn dem so wäre, dann wäre niedrige Arbeitslosigkeit ein Perpetuum Mobile des Wachstums. Aber so ist es nicht. Rezessionen beginnen immer in der Nähe von zyklischen Tiefpunkten der Arbeitslosigkeit. Das würde nicht passieren, wenn niedrige Arbeitslosigkeit ein wirtschaftliches Allheilmittel wäre. Die Zahlen beweisen vielmehr, dass eine niedrige Arbeitslosigkeit Rezessionen nicht verhindert und dass hohe Arbeitslosigkeit kein Wirtschaftswachstum verhindert. Es kann zwar schmerzlich sein, wenn man arbeitslos ist, doch unabhängig von den gesellschaftlichen

Auswirkungen ändert das nichts an der Tatsache, dass Wirtschaftswachstum geringere Arbeitslosigkeit bewirkt – und nicht umgekehrt.

Als Anleger sollte man darauf achten, wie sich die Arbeitslosigkeit auf den Aktienmarkt auswirkt (oder nicht auswirkt). Viele befürchten nämlich, hohe Arbeitslosigkeit sei schlecht für die Aktien. Doch wenn man das glaubt, versteht man nicht, was Aktien sind und wie sie sich verhalten.

Abbildung 12.2 Arbeitslosigkeit und Rezessionen 1977 bis 2024

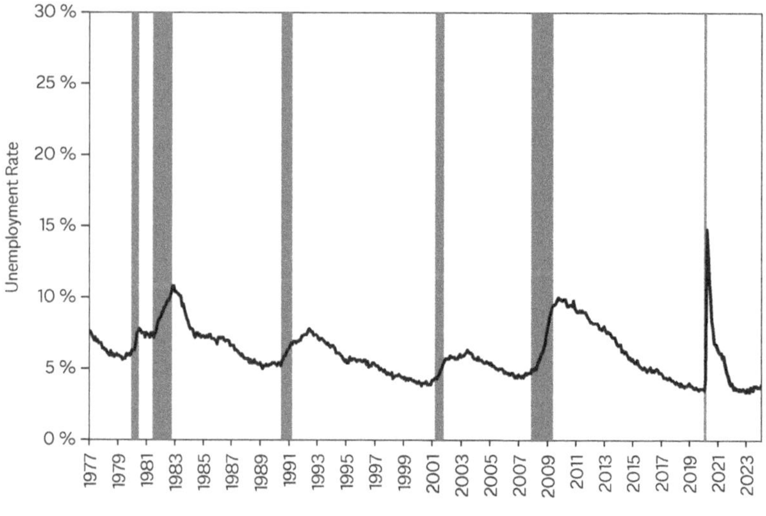

Quellen: Global Financial Data, Inc., US Bureau of Labor Statistics, Federal Reserve Bank of St. Louis, Stand 28.03.2024.

Der Aktienmarkt geht wirklich voran

Der Aktienmarkt ist der ultimative führende Wirtschaftsindikator – die Anleger warten nicht ab, bis die Wirtschaftsdaten anzeigen, dass eine konjunkturelle Erholung im Gange ist. Sie treiben die Aktienkurse schon vorher in die Höhe. Und wenn es so ist, dass die Aktien vorangehen und die Arbeitslosigkeit nachläuft, kann es überhaupt nicht sein, dass hohe oder niedrige Arbeitslosigkeit eine wesentliche treibende Kraft des allgemeinen Aktienmarkts ist.

Verlassen Sie sich nicht auf mein Wort, sondern überprüfen Sie die Geschichte. Abbildung 12.3 zeigt zyklische Höhepunkte der Arbeitslosenquote und die Erträge des Aktienmarkts in den zwölf Monaten danach (anhand der längeren Geschichte der US-amerikanischen Aktien). Dazu zeigt sie noch die Erträge in den zwölf Monaten, die sechs Monate *vor* dem Höhepunkt der Arbeitslosigkeit beginnen – das heißt, während die Arbeitslosigkeit noch steigt. Im Durchschnitt bringen die Aktien in den zwölf Monaten nach einem Höhepunkt der Arbeitslosigkeit 16,9 Prozent ein. Ganz schön gut! Doch wenn man sechs Monate vor dem Höhepunkt gekauft hätte, würde man in den zwölf Monaten danach eine satte Rendite von 29,7 Prozent erzielen. Fast das Doppelte!

Doch benutzen Sie das nicht als Prognosewerkzeug. Selbst wenn Sie wollten, könnten Sie weder die Zeitpunkte der Höhepunkte der Arbeitslosigkeit noch den Punkt sechs Monate davor vorhersagen. Ich kenne niemanden, der das geschafft oder überhaupt versucht hätte. Es zeigt aber, dass Aktien steigen können, wenn die Arbeitslosigkeit hoch ist und steigt, und dass sie das auch wirklich tun. Es gibt keine Belege dafür, dass sich hohe Arbeitslosigkeit nachteilig auf den Markt auswirken würde. Ganz im Gegenteil! Denn typischerweise ist die Arbeitslosigkeit gerade dann hoch, wenn eine Rezession endet und kurz danach. Die Aktien bewegen sich als Erste – und zwar schnell (siehe Kapitel 10).

Es ist schon verblüffend, dass sich dieser Mythos hält, vor allem, da reichlich Daten vorliegen, um ihn zu überprüfen. Also wie kommt das?

Erstens prüfen die Menschen normalerweise nicht nach, ob etwas, das „jeder weiß", wirklich stimmt. Das wäre ja, als würde man an sich selbst zweifeln, und das machen wir nicht gern. Und es würde bedeuten, dass man sich möglicherweise dumm vorkommt, weil man einem Mythos erlegen ist – und das tun wir nun *wirklich* nicht gern.

Abbildung 12.3 Arbeitslosigkeit und Renditen des S&P 500 - die Aktien führen und die Arbeitsstellen laufen nach

Höhepunkt der Arbeitslosigkeit	Rendite des S&P 500 in den 12 Monaten danach	6 Monate vor dem Höhepunkt der Arbeitslosigkeit	Rendite des S&P 500 in den 12 Monaten danach
31.05.1933	3,00%	30.11.1932	57,70%
30.06.1938	-1,70%	31.12.1937	33,20%
28.02.1947	-4,30%	30.8.1946	-3,40%
31.10.1949	30,50%	30.4.1949	31,30%
30.09.1954	40,90%	31.3.1954	42,30%
31.07.1958	32,40%	31.1.1958	37,90%
31.05.1961	-7,70%	30.11.1960	32,30%
31.08.1971	15,50%	26.2.1971	13,20%
30.05.1975	14,30%	29.11.1974	36,20%
31.07.1980	12,90%	31.1.1980	19,30%
31.12.1982	22,50%	30.6.1982	61,10%
30.06.1992	13,60%	31.12.1991	7,60%
30.06.2003	19,10%	31.12.2002	28,70%
31.10.2009	16,50%	30.4.2009	38,80%
30.04.2020	46,00%	31.10.2019	9,70%
Durchschnitt	**16,90%**		**29,70%**

Quellen: Bureau of Labor Statistics, Global Financial Data, Inc., Stand 14.03.2024, S&P Total Return Index.

Aber zweitens erscheint es in gewisser Hinsicht einleuchtend, dass sich hohe Arbeitslosigkeit nachteilig auf die Wirtschaft auswirkt. Das liegt an der Vorstellung, die Verbrauchernachfrage sei eine wichtige treibende Kraft unserer Wirtschaft.

Und in gewissem Sinne ist sie das auch. Derzeit stellen die Verbraucherausgaben 68,7 Prozent des BIPs.[1] Aber die Menschen verstehen nicht, wo der Löwenanteil des Wachstums herkommt.

Wenn viele Menschen arbeitslos sind, heißt das, dass ihnen weniger Geld zum Ausgeben zur Verfügung steht, was laut dieser Logik eigentlich die Wirtschaft und die Aktien behindern müsste. Richtig? Aber nehmen Sie einmal die Nachwehen der Rezession 2007 bis 2009 – in Amerika die schwerste und längste seit der Großen Depression. Nach der konjunkturellen Talsohle 2009 überschritten die US-Verbraucherausgaben im Juli 2010 das Spitzenniveau von vor der Rezession und stiegen dann stetig weiter.[2] Trotzdem blieb die Arbeitslosigkeit bis September 2014 über sechs Prozent. Erst 2016 unterschritt sie fünf Prozent.[3] Wie kann das sein?

Die Verbraucherausgaben sind unglaublich stabil

Die Wahrheit ist, dass die US-Verbraucherausgaben unglaublich stabil sind – in Rezessionen gehen sie nicht besonders stark zurück, sodass sie in konjunkturellen Erholungen auch nicht sehr zurückzufedern brauchen. Das liegt daran, dass die Verbraucher zum großen Teil Artikel des Grundbedarfs und notwendige Dienstleistungen kaufen. Wenn harte Zeiten kommen, kaufen wir normalerweise trotzdem noch Zahnpasta und verordnete Medikamente. Und wir geben Geld für Dienstleistungen wie Versicherungen, Wohnen, Versorgung usw. aus. Vielleicht steigen wir von der schönen Markenzahnpasta auf ein No-Name-Produkt um und achten darauf, dass wir nicht zu viel heizen, wir machen die Lichter aus usw., aber im Großen und Ganzen sind unsere durchschnittlichen Ausgaben für den Grundbedarf ganz schön stabil.

Abbildung 12.4 zeigt die Zusammensetzung des privaten Konsums und wie sehr er von dem Höhepunkt des realen BIP-Wachstums im zweiten Quartal 2008 bis zum Tiefpunkt im zweiten Quartal 2009 zurückgegangen ist. Und sie zeigt, welchen Anteil an den Gesamtausgaben jede Komponente am Ende der Rezession stellte.

Die mit Abstand größte Komponente der Verbraucherausgaben (67,2 Prozent) sind Dienstleistungen – in den letzten 20 Jahren stellten sie etwa zwei Drittel der Gesamtausgaben.[4] Während der Rezession der Jahre 2007 bis 2009 – die nach historischen Maßstäben tief war – sanken die Ausgaben für Dienstleistungen vom Gipfel bis zur Talsohle nur um 0,7 Prozent. Die Ausgaben für die größte Dienstleistungskomponente, nämlich Wohnen und Versorgung, fielen um nur 0,1 Prozent, und diejenigen für die zweitgrößte – die Gesundheitsausgaben – *stiegen* um 2,5 Prozent.

Abbildung 12.4 Zusammensetzung des privaten Konsums – die Dienstleistungen sind bedeutend und stabil

	Prozent des Konsums (2. Quartal 2009)	Reales Wachstum vom 1. Quartal 2008 bis zum 2. Quartal 2009
Bruttoinlandsprodukt		**-4,00%**
Private Konsumausgaben	**100,00%**	**-2,40%**
Langlebige Güter	**7,70%**	**-11,00%**
Kraftfahrzeuge und Ersatzteile	3,00%	-13,70%
Möbel und langlebige Haushaltswaren	1,80%	-13,40%
Freizeitwaren und -fahrzeuge	1,70%	-8,90%
Sonstige langlebige Güter	1,30%	-5,70%
Kurzlebige Güter	**21,20%**	**-3,00%**
Lebensmittel und Getränke für den Konsum außerhalb der Verkaufsstelle	7,60%	-2,10%
Bekleidung und Schuhe	2,80%	-8,40%
Benzin und sonstige Energiegüter	2,70%	0,30%
Sonstige nicht langlebige Güter	7,90%	-3,10%
Dienstleistungen	**71,60%**	**-0,70%**
Konsumausgaben der Haushalte für Dienstleistungen	**68,80%**	**-0,90%**
Wohnen und Versorgung	20,40%	-0,10%
Gesundheit	16,60%	2,50%
Transportdienstleistungen	3,00%	-8,90%
Freizeit-Dienstleistungen	4,10%	-2,70%
Nahrungsmittel-Dienstleistungen und Übernachtungen	6,70%	-4,30%
Finanzdienstleistungen und Versicherungen	9,40%	-0,10%
Sonstige Dienstleistungen	8,80%	-3,20%
Endverbraucher-Ausgaben von Non-Profit-Institutionen im Dienste von Haushalten	**2,90%**	**3,20%**

Quellen: Bureau of Labor Statistics, Global Financial Data, Inc., Stand 14.03.2024, S&P Total Return Index.

Der nach Größe nächste Brocken der Verbraucherausgaben (21,2 Prozent) entfällt auf kurzlebige Konsumgüter. Kurzlebige Konsumgüter sind Dinge, die weniger als drei Jahre lang halten sollen, zum Beispiel Schuhe, Bekleidung und Lebensmittel. Diese Dinge benötigt man meist dringender, als einem lieb ist, und diese Kategorie fiel vom Hoch zum Tief nur um 3,0 Prozent.

Nur 7,7 Prozent der Ausgaben entfielen auf langlebige Güter. Das sind größtenteils (aber nicht ausschließlich) größere Anschaffungen. Obwohl sie den kleinsten Anteil stellen, machen sie die größten Schlagzeilen, zum Beispiel: „Automobil-Absatz um 25 Prozent gefallen!“ Aber ist es denn wirklich so schockierend, dass die Menschen während eines Abschwungs den Kauf eines Autos, einer Waschmaschine oder eines Flachbildfernsehers verschieben? Für die betroffenen Branchen ist es zwar nicht besonders toll, aber wirtschaftlich betrachtet ist es auch keine Katastrophe.

Abbildung 12.5 Anteil der Verbraucherausgaben am BIP steigt in Rezessionen

Quelle: FactSet, Stand 25.03.2024.

Gleichzeitig geben die Menschen meist weiterhin Geld für Grundbedürfnisse aus. Deshalb steigt in vielen Rezessionen der Anteil der Verbraucherausgaben am BIP (siehe Abbildung 12.5).

Es stimmt zwar, dass die Verbraucherausgaben im Laufe von Rezessionen insgesamt ein bisschen sinken, aber nicht so stark wie das gesamte BIP. Die Ausgaben der Unternehmen sind ein kleinerer, aber deutlich volatilerer Bestandteil und sind typischerweise für einen größeren Teil der Veränderung der BIP-Wachstumsrate verantwortlich. Abbildung 12.6 zeigt, wie sehr die Hauptbestandteile des BIP im Laufe der Rezession der Jahre 2007-2009 zum Rückgang beigetragen haben. (Das NBER datierte den Beginn der Rezession zwar auf den Dezember 2007, aber der Ausstoß erreichte seinen Höhepunkt erst im zweiten Quartal 2008.) Die Importe und die Staatsausgaben steigerten das BIP ein bisschen.

Abbildung 12.6 Beiträge zum Rückgang des US-BIPs vom ersten Quartal 2008 bis zum zweiten Quartal 2009

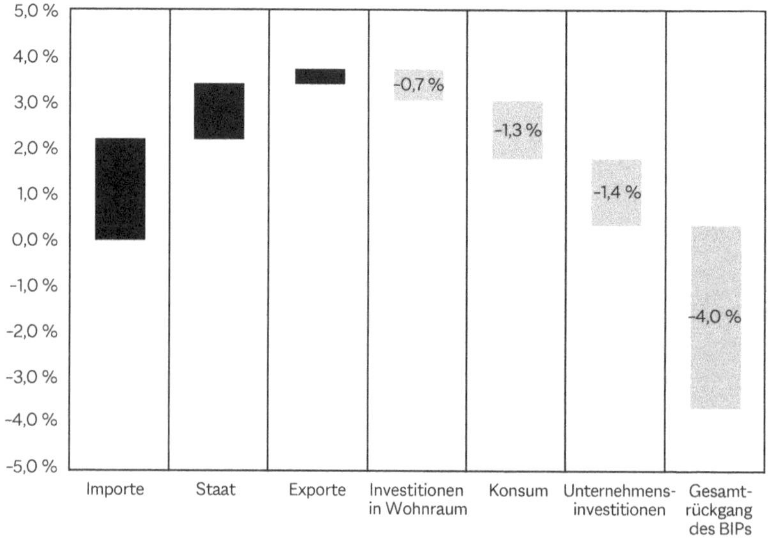

Quelle: FactSet 25.03.2024.

Die Investitionen in Wohnraum haben den Output zwar etwas reduziert, aber vermutlich längst nicht so stark, wie die meisten Menschen denken würden. Sie gehen fälschlicherweise davon aus, der schwache Häusermarkt sei die Hauptursache der Rezession sowie der Kreditkrise 2008 und der Baisse gewesen – aber in Wirklichkeit ist der Anteil am BIP, den der Häusermarkt stellt, zu klein, als dass er große Auswirkungen haben könnte. Das haben wir im Jahr 2023 erlebt, als der Immobilienmarkt ähnlich ins Trudeln kam, aber keine Rezession zuschlug. Im Jahr 2008 sackten die Verbraucherausgaben um 1,3 Prozentpunkte ab – nicht zu vernachlässigen. Die Unternehmensinvestitionen fielen mit 1,4 Prozent etwas stärker.

Hätten die Unternehmensausgaben lediglich stagniert, wäre die Rezession sogar milde ausgefallen. Aber in Rezessionen stagnieren die Unternehmensausgaben nur selten. Rezessionen sind vor allem deshalb Rezessionen, weil die Unternehmensausgaben schwanken. Zudem sind die Unternehmen – also die Produzenten – die eigentlichen treibenden Kräfte konjunktureller Auf- und Abschwünge. Die Menschen sehen es verkehrt herum und glauben, die Verbrauchernachfrage sei allesentscheidend. Aber wenn die Produzenten nichts produzieren, können die Konsumenten auch nichts konsumieren.

Die Produzenten sind am Drücker

Das ist nicht mit der Frage zu vergleichen, ob die Henne oder das Ei zuerst da war. So funktioniert einfach die Welt. Ohne Unternehmer, die ihr persönliches Kapital auf die Überzeugung verwetten, dass sie etwas produzieren können, das dem Markt gefällt, dürfte die Konjunktur kaum in Bewegung geraten.

Sehen Sie das einmal so: Ich schreibe dies im Jahr 2024. Noch vor 15 Jahren hatten Sie vielleicht ein Smartphone, vielleicht aber auch nicht. Wahrscheinlich hatten Sie eher ein Klapphandy oder ein ganz schlichtes Modell mit einem winzigen Schwarz-Weiß-Display und einem lahmarschigen Internetbrowser (wenn überhaupt). Wussten Sie damals, dass 15 Jahre später große Teile der Menschheit unzertrennlich mit ihren Smartphones verbunden sein würden? Dass diese winzigen Verknüpfungen von Technologie und Verbraucherelektronik Ihnen das Leben erleichtern würden? Dass Sie kribbelig werden würden, wenn Sie länger als ein paar Stunden von Ihrem Smartphone getrennt wären? Nein! Irgendjemand hat die Smartphones der ersten Generation erfunden – damals erschienen sie als coole Spielzeuge für Superreiche und/oder Freaks. Dann kam die zweite Generation. Da gab es bereits unzählige Nachahmer, denn der technische Fortschritt fiel mit gestiegener Nachfrage und Produktion zusammen, sodass die Kosten sanken und die Geräte für die meisten Menschen erschwinglich wurden. Inzwischen sind sie allgegenwärtig und werden für Dinge verwendet, die man sich vor 15 Jahren noch überhaupt nicht hätte vorstellen können. Sie werden sogar für Sachen benutzt, die sich wahrscheinlich auch die ersten Smartphone-Hersteller nicht hätten vorstellen können.

Aber eines ist definitiv *nicht* passiert, nämlich dass vor dem Jahr 2007 Menschenmassen die Türen ihrer örtlichen Elektronikhändler eingerannt und gesagt hätten: „Hallo! Ich brauche ein Mobiltelefon, das gleichzeitig ein Computer, ein Kalender und ein Adressbuch ist! Und es sollte einen Touchscreen haben, auch wenn noch niemand etwas davon gehört hat! Und sorgen Sie dafür, dass es Fragen, die ich ihm stelle, mit einer angenehmen und einstellbaren Stimme beantwortet. Dass es die Schritte zählt, die ich jeden Tag mache. Dass es jederzeit, wenn ich es will, einen Song abspielt. Und dass ich damit durch ein paarmal Tippen meinen Cappuccino bezahlen kann. Ach ja, da muss auch ganz unbedingt ein Spiel drauf sein, bei dem man Vögel auf Häuser aus Holz, Stein und Eis abschießt, um Schweine zu töten, die Küken klauen!"

Wenn Sie so etwas gesagt hätten, hätte Sie jemand einweisen lassen.

Nein, innovative Unternehmer haben – aufbauend auf früheren Innovationen (siehe Kapitel 1) – Smartphones erfunden, und dann hat die Welt beschlossen, dass sie ohne sie nicht leben kann. Daraufhin schossen Unternehmen aus dem Boden, die Apps designten und lieferten, die alles und jedes tun, was man sich nur vorstellen kann.

Und so funktioniert die Wirtschaft in Wirklichkeit. Wenn die Produzenten nichts produzieren – egal, ob Artikel des Grundbedarfs, diskretionäre Waren oder Dienstleistungen –, gibt es nicht wirklich eine Wirtschaft. Die Lockdowns in der Corona-Zeit haben das in Echtzeit bewiesen – und zwar schmerzhaft.

Deshalb sehen die Menschen das Verhältnis zwischen Arbeitslosigkeit und Konjunktur so verdreht. Die Verbrauchernachfrage ist nicht die schwankende treibende Kraft des Wirtschaftswachstums (oder des fehlenden Wirtschaftswachstums). Dafür ist sie viel zu stabil, sogar in Zeiten hoher Arbeitslosigkeit. Die wichtigsten Wirtschaftsmotoren sind die Produzenten, und die wollen Risiken eingehen, um etwas zu produzieren, von dem sie meinen, es würde ihnen künftig höhere Profite einbringen.

Die Politiker können brüllen und toben und mit dem Finger zeigen, so viel sie wollen. Aber wenn sie eine niedrigere Arbeitslosigkeit haben wollen, sollten sie Maßnahmen verabschieden, die darauf abzielen, die Eintrittsbarrieren in die Unternehmenswelt abzubauen. Es ist so, dass Wachstum zu Einstellungsbedarf führt, nicht umgekehrt. Niemals umgekehrt.

13

DAS ÜBERSCHULDETE AMERIKA

„Amerika hat zu viele Schulden! Und das ist ein großes Problem!"

Sie werden niemanden finden, der nicht der Meinung ist, Amerika sei überschuldet. Die meisten Mitglieder der Gesellschaft akzeptieren einfach, dass die Bundesverschuldung schlecht ist – je größer die Schulden, umso schlechter. Doch bedenken Sie: Diejenigen Dinge, die fraglos akzeptiert werden, sind häufig diejenigen, denen man eigentlich am meisten nachgehen müsste.

Die meisten Menschen begreifen rational, dass Schulden auf privater Ebene in Ordnung sind. Manche Menschen geraten dadurch in Schwierigkeiten, und das ist nicht gut. Aber den meisten Menschen ist klar, dass Schulden bei verantwortlichem Umgang in Ordnung und sogar notwendig sind. Die meisten Menschen könnten sich ohne Schulden kein Haus und kein Auto kaufen. Ja die meisten könnten sich nicht einmal einen Anzug für ihr erstes Bewerbungsgespräch kaufen.

Die meisten Leser sind wahrscheinlich auch mit Unternehmensschulden einverstanden. Wie gesagt, uns ist klar, dass manche Firmen mit Schulden schlecht umgehen. Sie haben allerdings einen großen Anreiz, das nicht zu tun – wenn sie wirklich schlecht damit umgehen, wird vielleicht der Chef entlassen, was dieser aber nicht will. Vielleicht drehen dann auch die Aktionäre durch und stoßen die Aktie ab. Oder das Unternehmen geht bankrott! Das sind alles Situationen, die ein vernünftiger Vorstandsvorsitzender vermeiden will.

Häufig setzen Unternehmen jedoch Schulden für Dinge wie den Bau neuer Fabriken, für die Finanzierung der Forschung ein oder um Konkurrenten beziehungsweise ergänzende Unternehmen aufzukaufen und so zu expandieren. Solche Dinge helfen den Firmen, Gewinne zu erzielen oder ihre Gewinne zu steigern, und profitable Unternehmen gefallen uns ja. Profitable Unternehmen liefern uns Produkte und Dienstleistungen, die wir wollen oder brauchen, zu einem vernünftigen Preis. Und sie stellen Mitarbeiter ein! Das sind alles gute Sachen.

Doch dieses rationale Denken bricht meist zusammen, sobald es um Staatsschulden geht. Wir mögen keine kommunalen Schulden, wir verabscheuen die Schulden der Bundesstaaten – aber unseren heftigsten Groll heben wir uns für die Bundesschulden auf.

Der Staat ist ein dummer Verschwender

Vielleicht erkennen viele Leser – zu Recht –, dass Regierungen schreckliche Verwalter unseres Geldes sind – und dass die Bundesregierung schlimmer ist als die Landesregierung, die wiederum schlimmer ist als die Kommunalregierung. Alles wahr! Regierungen sind in der Tat sehr dumme, ineffiziente Verschwender unseres Geldes. Trotzdem stimmt wohl selbst der überzeugteste Libertäre zu, dass wir Straßen und Ähnliches brauchen. Außerdem stellt die Regierung Regeln und Vorschriften auf und setzt sie um, die sowohl die Käufer als auch die Verkäufer schützen, und das ist gut. Die meines Erachtens vielleicht wichtigste Funktion des Staates ist der entschiedene Schutz des privaten Eigentumsrechts.

Ich wünschte, der Staat würde weniger Geld ausgeben. Nicht von irgendeinem ideologischen Standpunkt ausgehend, sondern nur, weil ich glaube, Sie würden es auf eine viel klügere Art und Weise ausgeben, die Ihnen und Ihrer Familie zugutekäme. Und wenn Sie Ihr Geld auf eigennützige Art ausgeben, ist das letzten Endes auch für die Gesellschaft besser. Falls Sie das nicht glauben, dann glauben Sie wohl nicht an den Kapitalismus. Und wenn Sie nicht an den Kapitalismus glauben, weiß ich nicht recht, weshalb sie ein Buch über Aktien lesen. Adam Smith hat geschrieben: „Nicht aufgrund des Wohlwollens des Metzgers, des Bierbrauers oder des Bäckers können wir mit einem Abendessen rechnen, sondern weil sie auf ihr Eigeninteresse schauen." Das heißt, insgesamt sind wir als Gesellschaft besser dran, wenn wir als Individuen das tun, was wir für uns selbst für am besten halten. Und das kann man besser tun, wenn man von seinem Geld mehr behält, also wenn der Staat weniger davon bekommt.

Darum wünsche ich mir zwar, der Staat würde das Geld nicht so dumm ausgeben, aber ich habe auch keine Angst vor seinen Schulden – und die sollten Sie auch nicht haben. Die Gründe dafür folgen nun:

Zunächst einmal sagen die Menschen oft, die Vereinigten Staaten hätten „zu viele Schulden". Das impliziert allerdings, es gebe eine „richtige" Menge an Schulden, die Staaten haben dürften, und es gebe eine ganz klare rote Linie, deren Überschreitung in die Katastrophe führt.

Nun würden viele sagen, der richtige Schuldenbetrag für einen Staat seien gar keine Schulden. Das ist aber absolut unrealistisch. Ich weiß nicht, wie ein Land ohne Schuldenmechanismus Geld ausgeben oder Geldpolitik betreiben sollte. Und für diejenigen, die meinen, wir könnten zum Goldstandard zurückkehren: Wir hatten auch früher schon Staatsschulden, als wir noch den Goldstandard hatten. Überdies hat uns der Goldstandard gegen keine Form wirtschaftlichen Übels geschützt. Bevor die Vereinigten Staaten die Federal Reserve errichteten, waren Bankenpaniken viel häufiger und schlimmer. Im Vergleich zu den riesigen, häufigen Depressionen des 19. Jahrhunderts war die Rezession von 2007 bis 2009 ein regelrechter Spaziergang.

Manche bringen das Argument, ein Goldstandard (oder Silberstandard oder Bimetallstandard) würde dazu führen, dass sich die Politiker nicht mehr in die Geldpolitik einmischen. Es würde aber das exakte Gegenteil passieren. Um einen Währungskurs an einen Steinbrocken zu binden und diese Bindung aufrechtzuerhalten, muss man ganz schön viel herumhantieren – und das müssten die Politiker machen. Und wenn die Regeln aufgestellt sind, können und werden die Politiker sie ändern, wenn sie das für angebracht halten. Ich halte die US-Notenbank nicht für perfekt. Weit gefehlt! Aber eine metallgebundene Währung lädt zu mehr staatlichen Eingriffen ein, nicht zu weniger. (Ganz zu schweigen von der Tatsache, dass wir den Rest der Welt dazu überreden müssten, auf einen Goldstandard/Silberstandard/Bimetallstandard oder welchen Standard auch immer umzustellen, und ich vermute, dann würden viele Nationen den Vereinigten Staaten sagen, das könnten sie knicken.)

Die richtige Einordnung der Schulden

Es gibt aber keine Indizien dafür, dass es einen angemessenen Verschuldungsgrad gäbe. Viele Menschen können die Bundesverschuldung nicht richtig einordnen und geben sie immer in absoluten Beträgen an. Abbildung 13.1 zeigt die Netto-Staatsverschuldung der Vereinigten Staaten als prozentualen Anteil am BIP – was eine mögliche Betrachtungsweise ist. Die Nettoverschuldung des Staates ist die gesamte Verschuldung, die sich in den Händen der Allgemeinheit befindet – nicht darin enthalten sind Schulden des Bundes, die von staatlichen Behörden gehalten werden und die man sich als Schuldscheine des Bundes vorstellen kann. Wenn Sie Ihr Haushaltsbuch führen, betrachten Sie die 20 Dollar, die Sie sich von Ihrem Ehepartner geliehen haben, ja auch nicht als Verbindlichkeit – sie bleiben in der Familie und kürzen sich sozusagen weg.

Abbildung 13.1 Netto-Staatsverschuldung der USA in Prozent des BIPs

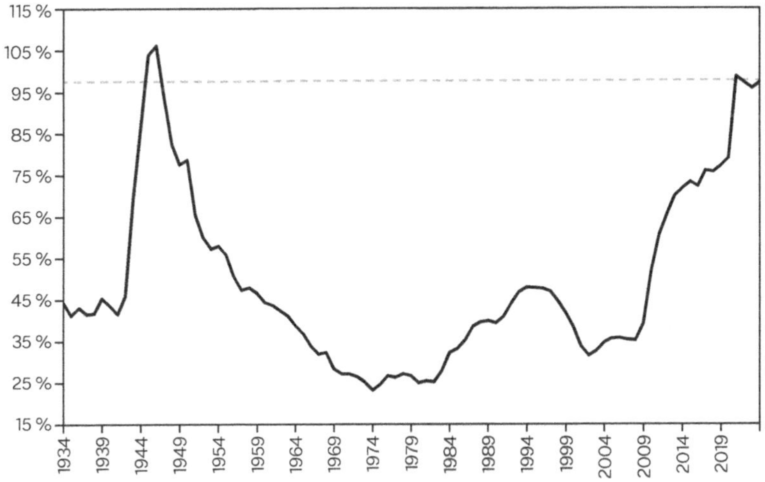

Quelle: Office of Management and Budget, US Department of the Treasury, Bureau of Economic Analysis, Stand 20.03.2024; Zahlen von 1934 bis 2023.

Im Moment ist die Verschuldung der Vereinigten Staaten im Verhältnis zum BIP recht hoch – vor allem nach der rauschenden pandemiebedingten Ausgabensause. Das überrascht niemanden. Sie liegt aber immer noch deutlich unter ihren Höchstständen. Im Jahr 1946 betrug die Verschuldung 109 Prozent des BIPs! Aber die Zeit, die danach folgte, ist uns nicht als Periode des wirtschaftlichen Ruins im Gedächtnis. Vielmehr denkt man an diese Zeit als Periode starken Wirtschaftswachstums und technischen Fortschritts zurück.

Manche behaupten, das wäre heute anders (was immer eine gefährliche Annahme ist), weil das damals Kriegsschulden waren. Durchaus. Bloß ist es den Schulden egal, weshalb sie gemacht wurden. Es sind einfach Schulden! Ein Vertrag. Sie müssen einfach zurückgezahlt werden, ob sie nun aus edlen Beweggründen begeben wurden (Kampf gegen die Nazis) oder aus dämlichen Gründen (um Hersteller von Elektrofahrzeugen zu stützen, die Geld verbrennen). Es gibt keinen Beleg dafür, dass die höhere Verschuldung damals eine unmittelbare Ursache des wirtschaftlichen Ruins gewesen wäre.

Allerdings haben wir in den Vereinigten Staaten nur historische Daten für eine relativ kurze Zeit. In Großbritannien ist das aber anders. Abbildung 13.2 zeigt die Schulden Großbritanniens in Prozent des BIPs seit dem Jahr 1700.

Abbildung 13.2 Die Netto-Staatsverschuldung Großbritanniens in Prozent des BIPs

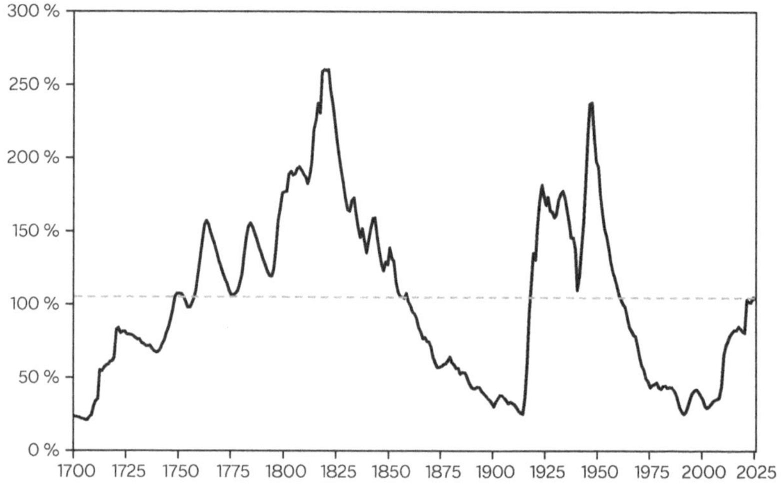

Quelle: HM Treasury, ukpublicspending.co.uk; Stand: 20.03.2024. Daten von 1700–2023, Budgetschätzungen für 2024 bis 2025.

Verblüffenderweise war Großbritannien viel höher verschuldet – sogar noch höher als auf dem Höhepunkt nach Corona. Etwa von 1750 bis 1850 lag die Verschuldung über 100 Prozent des BIPs und während etwa der Hälfte dieser Zeit über 150 Prozent. Der Spitzenwert lag über 250 Prozent! Aber was geschah in Großbritannien in dieser Zeit und danach? Es war die unbestrittene wirtschaftliche und militärische

Supermacht der Welt. Damals begann dort die industrielle Revolution – früher als in den Vereinigten Staaten. Großbritannien war das weltweite Zentrum revolutionärer Herstellungsmethoden. Und all das, während es hoch verschuldet war.

Und das zu einer Zeit, als Nachrichten noch zu Fuß, zu Pferde, per Brieftaube und erst viel später per Eisenbahn transportiert wurden. Wenn Großbritannien mit mehr als 100 Prozent Schulden ein Jahrhundert lang als Supermacht überleben konnte, gibt es keinen Grund, weshalb die momentan hohe Verschuldung Amerikas langfristig lähmend sein müsste.

Stellen Sie alles infrage!

Manche Leser können das wahrscheinlich nur schwer akzeptieren. Das ist vielleicht der zäheste Mythos in diesem Buch. Tatsächlich ist dieses Konzept von allem, worüber ich jemals geschrieben habe, für die Menschen am schwersten zu begreifen. Die Überzeugung, Schulden seien schlecht, ist dermaßen fest in uns verwurzelt, dass die meisten Leser vielleicht glattweg ablehnen, was ich schreibe, dass sie sich weigern, sich die Zahlen anzuschauen oder die Fundamentaldaten zu betrachten – oder sie überblättern dieses Kapitel einfach.

Aber warum? Eine Überzeugung infrage zu stellen – selbst wenn es eine tiefe Überzeugung ist –, tut nicht weh. Was ist das Schlimmste, was passieren kann? Entweder findet man heraus, dass man die ganze Zeit recht hatte, und das ist schön. Oder man findet heraus, dass man von etwas überzeugt ist, das eigentlich falsch ist und das dazu führt, dass man die ganze Welt falsch sieht – was möglicherweise zu Anlagefehlern führt. Und das ist großartig! Denn wenn man die Welt klarer sieht, kann man weniger Fehler machen und langfristig Erfolg haben. In beiden Fällen eine Win-Win-Situation.

Vergessen Sie also, was Sie zu wissen *glauben*. Sehen Sie sich die Belege an. Als im Jahr 2013 die erste Auflage dieses Buches erschien, schrien viele auf, Amerika verwandele sich in Griechenland – das damalige Paradebeispiel für schlimme Verschuldung. Damals schrieb ich, das Problem Griechenlands sei nicht so sehr die Verschuldung, sondern eine strukturell nicht wettbewerbsfähige Wirtschaft und ein dank des jahrzehntelang verwurzelten Sozialismus strukturell korrupter Staat.

Und was geschah dann? Seit Ende des Haushaltsjahres 2012 haben die Vereinigten Staaten so viele Schulden angehäuft, dass Griechenland dagegen sparsam wirkt – die Staatsverschuldung hat sich von mehr als 16 Billionen Dollar bis Ende des Haushaltsjahres 2023 auf 33 Billionen Dollar *mehr als verdoppelt!*[1] Und wissen Sie was? Amerika wurde nicht zu Griechenland. Es blieb die größte, vielfältigste und mächtigste Volkswirtschaft der Welt.

Das eigentliche Problem ist die Erschwinglichkeit

Das will Ihnen nicht so recht in den Kopf? Betrachten Sie das einmal anders. Wenn Sie ein Haus kaufen, geht Ihre *Gesamtverschuldung* durch die Decke. Das heißt aber nicht, dass Sie vollkommen pleite sind und in den finanziellen Ruin steuern, oder? Nein! Das Problem sind nicht Ihre *Schulden*, sondern die Frage, ob Sie sich Ihre Schulden *leisten können*. Können Sie Ihre Raten zahlen?

Das Gleiche gilt für ein Land. Und Amerika kann sich seine Schulden leisten. Sehr gut leisten! Abbildung 13.3 zeigt die Zinszahlungen des Bundes in Prozent des BIPs. Unsere heutige Gesamtverschuldung ist zwar hoch, aber die jahrelang niedrigen Zinsen machen die Schulden recht erträglich.

(Bedenken Sie: Die meisten vor dem Jahr 2022 begebenen langfristigen Anleihen werfen nach wie vor historisch niedrige Zinsen ab. Und auch wenn die Zinsen, während ich dies schreibe, Anfang 2024, höher sind, so haben sie doch immer noch nicht die Niveaus erreicht, die wir in den 1970er-, 1980er- und 1990er-Jahren erlebt hatten, nicht einmal die vom Anfang der 2000er-Jahre.)

Abbildung 13.3 Die Zinszahlungen auf die Verschuldung des Bundes in Prozent des BIPs

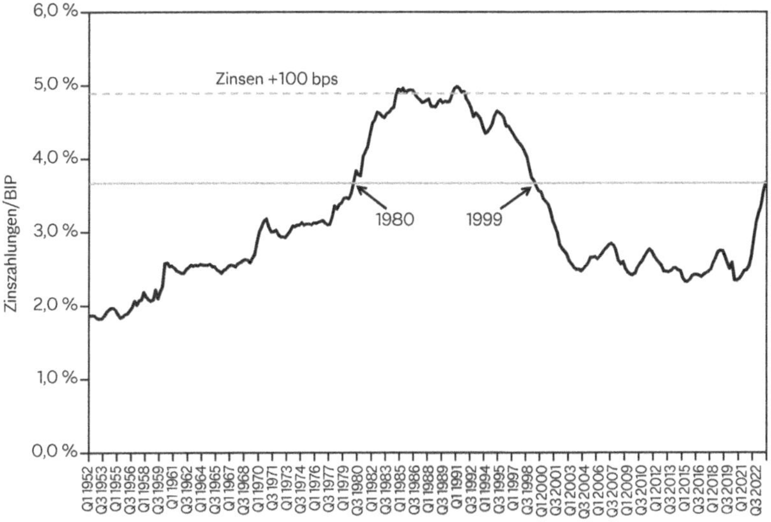

Quelle: Thomson Reuters, Stand 20.03.2024; Q1 1952 bis Q3 2023.

Bedenken Sie: Ende 2023 waren die Zinskosten niedriger als vom zweiten Quartal 1980 bis zum zweiten Quartal 1999 – eine Zeit, die nicht unbedingt für wirtschaftlichen Ruin bekannt ist. Im Gegenteil! Während eines großen Teils der 1980er- und 1990er-Jahre waren die Vereinigten Staaten das dominierende wirtschaftliche Kraftpaket. Und in diesen Jahrzehnten fanden zwei Mega-Haussen statt, die jeweils fast ein Jahrzehnt lang dauerten.

Der durchschnittliche Zinssatz müsste noch einmal um 100 Punkte in die Höhe schnellen, damit die Zahlungen so hoch steigen würden wie im Jahr 1991 – am Beginn eines massiven Wirtschaftsbooms und einer Hausse.

Billigere Schulden nach der Herabstufung

Manche mögen behaupten, durch wachsende Schulden würden die Zinsen steigen, weil die Anleger das Vertrauen verlieren. Aber noch einmal, wo ist der Beweis? Die Nettoverschuldung Amerikas ist in den gesamten 2010er-Jahren gestiegen, aber die Zinsen sind *gefallen*. 10-jährige Schatzanweisungen waren Ende 2009 mit 3,83 Prozent verzinst.[2] Und bis Ende 2019 halbierte sich die Verzinsung auf 1,92 Prozent.[3]

Hinzu kommt, dass das Bonitätsrating Amerikas herabgestuft wurde – und doch fielen die Zinsen!

Kurz zur Erinnerung: Im August 2011 hat S&P nach der erbitterten Debatte über die Anhebung der Schuldenobergrenze in den Vereinigten Staaten (eine willkürliche Marke, die seit ihrem Bestehen 1917 über 100-mal angehoben wurde, um den Krieg zu finanzieren) die Vereinigten Staaten von ihrem astreinen AAA-Rating heruntergestuft. Die Menschen befürchteten, dies würde bezüglich der US-Anleihen eine Vertrauenskrise auslösen.

Das passierte aber nicht. Das *Gegenteil* geschah! Die US-amerikanischen Aktien, die mitten in einer Korrektur steckten, stiegen bis zum Ende des Jahres 2011 und darüber hinaus. Die Hausse lief noch mehr als acht Jahre weiter.

Sogar nach der riesigen coronabedingten Ausgabensause – und einer Baisse – belief sich die Rendite der 10-jährigen Anleihen Ende 2020 auf *weniger als* 1,0 Prozent.[4] Das ist genau das Gegenteil dessen, was man erwarten würde, wenn die Welt glauben würde, das Kreditrisiko der Vereinigten Staaten habe sich verschlechtert.

Erst nachdem die Federal Reserve im Jahr 2022 anfing, die Zinsen anzuheben, begannen die Anleger höhere Renditen zu verlangen. Und dann, am 1. August 2023, senkte Fitch das AAA-Rating der Vereinigten Staaten auf AA+. Wieder eine Herabstufung! Die Rendite 10-jähriger US-Schatzanweisungen kletterte von 3,95 Prozent vor der Änderung auf 4,99 Prozent am 19. Oktober 2023.[5] Endlich war die Schuldenverdammnis da, und die Experten schrien panisch auf! Aber nicht doch. Bis zum Ende des Jahres 2023 rutschte die Rendite der 10-jährigen Anleihen auf 3,88 Prozent – das war *niedriger* als am Tag vor der Herabstufung durch Fitch![6] Die Welt zeigte also auf eine merkwürdige Art, dass die langfristige Fähigkeit der Vereinigten Staaten, ihre Schulden zurückzuzahlen, sie in Panik versetzte.

Aber genau das ist es ja. Die Welt *glaubte eben nicht*, das Kreditrisiko der Vereinigten Staaten habe sich verschlechtert. Das sagte uns der Markt. Wieso reagieren die Märkte auf die Herabstufungen der Bonität, die Schlagzeilen machten, nur schulterzuckend? Die drei großen Ratingagenturen (S&P, Moody's und Fitch) bilden im Endeffekt ein staatlich gestütztes Oligopol. Deshalb brauchen Sie im Moment hinsichtlich des Preises oder der Qualität nicht miteinander zu konkurrieren. Gewöhnlich weiß der Markt, dass ihre Meinungen nicht viel wert sind.

Außerdem haben die Ratingagenturen einen Hang dazu, etwas zu sagen, was wir bereits wissen. Und wenn man seine Meinung auf das Verhalten von Politikern gründet – von Politikern, die nach der nächsten Wahl vielleicht gar nicht mehr da sind –, hat der Markt noch weniger Anlass, sich dafür zu interessieren.

Die USA mögen in den Augen von S&P oder Fitch vielleicht kein AAA-Rating mehr haben, aber sie verfügen immer noch über die größten und liquidesten Kreditmärkte der Welt. Deshalb sind die Kosten für Amerikas Schulden beherrschbar und werden es wahrscheinlich auch noch eine Weile bleiben.

Auf die Freundlichkeit von Fremden angewiesen?

Vielleicht glauben Sie ja diese Auffassung – dass es genauso (oder noch mehr) darauf ankommt, ob wir uns die Schulden leisten können, wie auf die relative Schuldenlast. Aber was ist mit der gängigen Angst, Amerika sei Ausländern verpflichtet?

Die Geschichte geht so: Andere Länder stützen unseren verschwenderischen Lebensstil, und dadurch sind wir ihnen in gefährlicher Weise verpflichtet. Noch schlimmer: Fast alle unsere Schulden gehören China! (Es ist mir unbegreiflich, warum die Menschen so viel Aufhebens von den Schatzanleihen machen, die sich in chinesischem Besitz befinden. Ich würde sagen, wenn uns die Chinesen günstig Geld leihen wollen, sollen sie's doch tun.)

Stimmt es, dass wir auf gefährliche Weise an Ausländer gebunden sind? Abbildung 13.4 zeigt die größten Inhaber amerikanischer Schuldpapiere, und Abbildung 13.5 schlüsselt die Kategorie „Sonstige" auf.

Abbildung 13.4 Wer hält eigentlich die US-Staatsverschuldung?

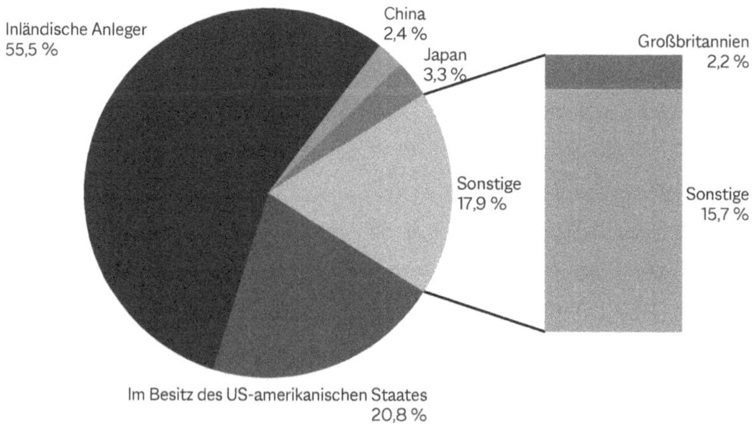

Quelle: Thomson Reuters, Stand 31.12.2023.

Der größte Teil unserer Schulden – 55,5 Prozent – wird von inländischen Anlegern gehalten. Das sind Privatpersonen, Unternehmen, gemeinnützige Organisationen, Banken, Investmentfonds und zahllose andere Körperschaften.

Abbildung 13.5 „Sonstige" Kreditgeber der USA

Kreditgeber	Prozent der ausstehenden US-Schulden	Kreditgeber	Prozent der ausstehenden US-Schulden
Luxemburg	1,09%	Mexiko	0,23%
Kanada	0,99%	Niederlande	0,22%
Irland	0,98%	VAE	0,19%
Belgien	0,92%	Thailand	0,18%
Cayman-Inseln	0,90%	Australien	0,18%
Schweiz	0,85%	Philippinen	0,17%
Frankreich	0,76%	Israel	0,16%
Taiwan	0,74%	Spanien	0,16%
Indien	0,69%	Schweden	0,14%
Hongkong	0,69%	Kuwait	0,14%
Brasilien	0,68%	Italien	0,13%
Singapur	0,59%	Polen	0,13%
Saudi-Arabien	0,39%	Kolumbien	0,12%
Norwegen	0,37%	Chile	0,12%
Südkorea	0,35%	Peru	0,10%
Deutschland	0,35%	Vietnam	0,09%
Bermuda	0,27%	Restliche Länder	1,69%

Quelle: Thomson Reuters, Stand 31.12.2023.

Die US-Regierung selbst hält über staatliche Behörden 20,8 Prozent. Nur 23,7 Prozent sind im Besitz ausländischer Investoren. China hält 2,4 Prozent und steht damit unter den Ländern an zweiter Stelle. Das ist auch kaum überraschend, denn China ist inzwischen die zweitgrößte Volkswirtschaft der Welt und stellt circa 18 Prozent des globalen BIPs.

Japan hält mehr US-Staatsschulden – 3,3 Prozent. Aber niemand beschwert sich großartig darüber. (Japan und China tauschen als größter Auslandsgläubiger der Vereinigten Staaten oft die Plätze.) In den 1980er-Jahren regten sich die Menschen über Japans Wirtschaftswachstum und darüber auf, dass es US-amerikanische Anlagen kaufte. Aber dann trat Japan in eine lange Phase der Stagnation ein – vor allem weil es nicht so richtig kapitalistisch agiert.

Menschen, die befürchten, China könnte die Vereinigten Staaten überholen, was die wirtschaftliche Dominanz betrifft, sollten aber wissen, dass Chinas Wachstum nicht das organische Wachstum einer Demokratie mit freier Marktwirtschaft ist. Die kommunistische Regierung Chinas benutzt das schnelle Wachstum, um ihre städtische Bevölkerung bei Laune zu halten. Sie benutzt alle verfügbaren Handhaben, um schnelles Wachstum zu erzeugen – in der Hoffnung, die gebildete Bevölkerung würde nicht merken (oder weniger dagegen aufbegehren), dass ihre Rechte mit Füßen getreten werden. (In diesem Land lebten im Jahr 2023 laut recherchierten Angaben in einem chinesischen Nachrichtenorgan immer noch eine Milliarde Menschen von weniger als dem Äquivalent von 280 US-Dollar im Monat[7], was aber die meisten Chinesen nicht lasen, denn die staatliche Zensur unterdrückte den Bericht schnell wieder.[8])

In letzter Zeit haben Chinas Anstrengungen viele Früchte getragen. China dürfte immer noch weiter wachsen – sogar sehr! Irgendwann mag sein Ausstoß den der Vereinigten Staaten übertreffen, wenn viele Dinge zusammenpassen. Aber um die Vereinigten Staaten herauszufordern, braucht China mehr als nur eine wachsende Produktion. Einfach gesagt kann China die wirtschaftliche Vorherrschaft der Vereinigten Staaten nicht übertreffen, solange es keine echte marktwirtschaftliche Demokratie wird – was sowohl für China als auch für die Vereinigten Staaten und die Welt eine tolle Sache wäre. Stattdessen baut es ab, und es gibt Anzeichen für einen ähnlichen wirtschaftlichen Abstieg wie den Japans.

Also besitzen die Chinesen und die ausländischen Investoren im Allgemeinen keine beängstigend großen Teile unserer Schulden. Aber die Menschen hegen oft noch zwei zusätzliche Befürchtungen: dass ausländische Gläubiger unsere Anleihen verkaufen und wir sie dann nicht zurückzahlen können. Und/oder dass sie aufhören, unsere Schulden zu kaufen, sodass wir unsere Verschwendung nicht mehr finanzieren können. (Wenn man der Meinung ist, wir seien verschwenderisch. Ich bin das nicht. Ich finde zwar, dass unser Staat unser Geld nicht klug ausgibt, aber ich habe keine Verschwendungsbefürchtungen, weil die

Schulden Amerikas, wie am Anfang des Kapitels dargelegt, erschwinglich sind.)

Spielen Sie einmal folgende logische Kette durch: Wieso sollte es beängstigend sein, wenn China (oder jemand anderes) im großen Stil unsere Anleihen verkaufen würde? Diese Anleihen sind Verträge. Es gibt keine Rücknahmeklausel für den Fall, dass jemand sie weiterverkauft. Wir brauchen also nicht das gesamte Restkapital auf einmal zu berappen. Vielmehr würde China seine Schatzanleihen am Sekundärmarkt verkaufen. Jemand anderes würde sie kaufen, und dem würden wir die gleichen Zinsen bezahlen wie China. Das hat für die Vereinigten Staaten keinen Nettoeffekt. Uns kann es egal sein, wer unsere Schulden hält – uns interessiert nur, ob wir Zins und Tilgung bezahlen können (und das können wir).

Aber warum sollte China auf einen Schlag eine Menge Anleihen abstoßen? Dadurch würde es das Anleiheangebot auf dem Sekundärmarkt erhöhen. Steigt das Angebot, fallen die Preise. Mit diesem Geschäft würde China wahrscheinlich Verlust machen und sich selbst ins Knie schießen.

Aber halt – Anleiherenditen und -preise stehen in einer umgekehrten Beziehung zueinander. Wenn China also den Markt überschwemmt und dadurch die Preise drückt, steigen die Zinsen – und das macht unsere supersicheren Anleihen bei der nächsten Auktion für jemand anderes umso attraktiver. Das steigert die Nachfrage, was wiederum die Preise nach oben und die Renditen nach unten drückt. Wir hätten unter einem solchen Szenario also nicht viel zu leiden (wenn überhaupt). Außerdem ist es unwahrscheinlich, denn wie gesagt wird China ebenso wie der Metzger, der Bäcker und der Kerzenmacher in seinem besten eigenen Interesse handeln. Und es liegt nicht in seinem Interesse, eine große Menge seiner US-Schulden auf einen Schlag abzustoßen.

China kauft die amerikanischen Schuldpapiere nicht aus Wohltätigkeit oder wegen irgendeines globalen Karmas. Es fühlt sich den Vereinigten Staaten nicht verpflichtet. Es kauft unsere Anleihen, um dadurch ein bestimmtes Bedürfnis zu befriedigen. Im konkreten Fall kauft es so viele US-Anleihen, um seinen Währungskurs zu managen, und weil es keine anderen Anleihemärkte gibt, die für Chinas massive Devisenreserven ausreichen würden.

Keine Ausweichmöglichkeit

Und außerdem: Wenn Staaten beschließen, keine US-Anleihen mehr zu kaufen ... wessen Anleihen würden sie dann kaufen? Welche anderen Anleihemärkte sind so umfangreich und liquide? Abbildung 13.6 zeigt Amerikas Netto-Staatsverschuldung im Vergleich zu den verbleibenden AAA-Ländern – den wahrscheinlichsten Alternativen zu US-Anleihen. Die amerikanischen Anleihen stellen 75,9 Prozent der gesamten Anleihen dieser Gruppe. Ja, China und die anderen könnten auch Anleihen von Australien, Kanada oder Deutschland kaufen. Und das tun sie bereits! Aber dann müssten sie ihre Anleihepositionen breit streuen. Das Vereinigte Königreich ist der zweitgrößte Emittent von Staatsanleihen, aber sein Anleihemarkt beträgt weniger als ein Neuntel des amerikanischen. Es gibt keinen wirklich geeigneten vollständigen Ersatz für US-Anleihen, und Investoren wären damit einer höheren Volatilität der Renditen ausgesetzt.

Amerikas Schuldensituation ist nicht angespannt. Wir sind nicht Griechenland. Nicht einmal annähernd! Und die Schulden sind nicht der böse schwarze Mann, für den viele sie halten. Klug eingesetzt sind Schulden ein korrekter, normaler Teil einer gesunden Volkswirtschaft. Würde man alle Schulden vermeiden, würde man dadurch nichts verbessern. Es gab eine Zeit, als Amerika keine Schulden hatte – nachdem Andrew Jackson von dem Erlös aus Landverkäufen im Westen alle Schulden bezahlt hatte. Letztlich führte dies zu der Panik des Jahres 1837 und zu der Depression von 1837 bis 1843 – einer der drei schwersten Rezessionen der amerikanischen Geschichte (die beiden anderen begannen 1873 und 1929).

Abbildung 13.6 Die USA und andere Emittenten von Staatsanleihen

Land	Staatsanleihen (in Mio. USD)	Anteil an allen Staatsanleihen
Australien	1.155.737,30	3,20%
Kanada	1.007.457,80	2,80%
Dänemark	89.931,40	0,30%
Deutschland	2.068.203,90	5,80%
Hongkong	207.205,90	0,60%
Luxemburg	19.477,10	0,10%
Niederlande	430.282,70	1,20%
Norwegen	50.606,20	0,10%
Singapur	430.328,50	1,20%
Schweden	84.429,40	0,20%
Schweiz	133.799,30	0,40%
Großbritannien	2.929.962,50	8,20%
Vereinigte Staaten	27.131.400,00	75,90%
Gesamt	**18.004.307,00**	

Quellen: FactSet, Stand 28.03.2024, in Millionen US-Dollar. Alle von Fitch, Moody's oder S&P Global als AAA oder Aaa gerateten Länder und Großbritannien.

Meckern Sie nicht über die Gesamtverschuldung. Achten Sie darauf, ob wir sie uns leisten können. Für Amerika sind die Schulden recht erschwinglich, und das wird wohl noch eine Weile so bleiben.

14

DOLLAR STARK, AKTIEN STARK

„Jeder weiß, dass Anleihen sicherer sind als Aktien.“

Die Relative Stärke des US-Dollar (oder ihr Mangel) wird oft als Synonym für unzählige Übel angeführt. Zum Beispiel in den Aussagen: „Unsere Konjunktur ist schwach, also ist der Dollar schwach. Unser großes Haushaltsdefizit führt dazu, dass das Ausland auf uns herabschaut, und das schwächt den Dollar.“

Und dann gibt es noch die Befürchtung, ein schwacher US-Dollar könnte wiederum zu weiterer Schwäche führen. Zum Beispiel macht ein schwacher Dollar Importe in die Vereinigten Staaten teurer – und da Amerika ein Netto-Importeur ist, kann dies das Wachstum beeinträchtigen! Und viele befürchten, ein schwacher Dollar würde schwache Aktienrenditen verheißen.

Schwacher Dollar, starker Dollar – ist das wichtig?

Es stimmt, dass ein schwacher Dollar die Exporte teurer machen kann, wenn die Unternehmen die Preise nicht niedrig halten, um ihren Marktanteil zu bewahren. Verstehen Sie das aber nicht so, dass ein starker Dollar gut wäre! Oder dass die Menschen glücklich wären, wenn der Dollar stark ist. Ein starker Dollar, wie wir ihn in den 1990er-Jahren und in den 2010er-Jahren immer wieder hatten, bekommt oft auch die Schuld als Ursache von Übeln. Die Menschen beschweren sich, ein starker Dollar mache unsere Exporte zu teuer, sodass niemand sie kaufen will, und das ist für unsere Wirtschaft ebenfalls hart. Oder sie sagen, ein starker Dollar werde Schwellenländer mit hohen in Dollar notierten Schulden zermalmen und dadurch eine Kette von Katastrophen rund um den Erdball auslösen. Es ist, als würden die Menschen glauben, es gebe ein perfektes Gleichgewicht zwischen Dollar und Nicht-Dollar – und wenn wir nicht an diesem Punkt stünden, wären wir auf dem Weg zum Ruin.

Das ist aus mehreren Gründen ein unsinniger Mythos. Erstens sind Währungen einfach verschiedene Sorten Geld. Keine ist grundsätzlich besser als andere. Es gibt sowohl Argumente für als auch gegen eine schwache oder eine starke Währung. Außerdem sind Devisen keine Anlagen mit Wertzuwachs, wie etwa Aktien. Sie sind Massenware. Wenn eine Währung schwach ist, dann nur im Verhältnis zu einer anderen. Also ist der Dollar schwach, weil der Euro oder das Pfund Sterling oder eine ganze Reihe anderer Währungen stark sind – und umgekehrt.

Sehen Sie das einmal so: Wenn Sie meinen, ein schwacher Dollar sei schlecht für die US-amerikanische Wirtschaft, dann müsste ja ein starker Nicht-Dollar für die Nicht-US-amerikanische Welt gut sein. Da die Vereinigten Staaten nur 26 Prozent des weltweiten BIP stellen, müsste ein schwacher Dollar nach dieser Theorie für die Welt insgesamt weniger schlecht sein, als ein starker Nicht-Dollar gut für sie ist![1] Also müsste ein schwacher Dollar im Endeffekt gut sein. Nein, sogar großartig!

Sie wissen automatisch, dass das Blödsinn ist. Aber das ist die logische Schlussfolgerung, wenn man meint, eine schwache Währung wäre für die Wirtschaft schlecht – nur denken die Menschen die Dinge oft nicht bis zum Ende durch.

Das ganze Gezickel und Gezackel hebt sich auf

Aber sicherlich haben doch hauptsächlich die Devisenkurs-Ausschläge die Preise für Ausfuhren und Einfuhren fest im Griff – und somit auch die Unternehmensgewinne und die Aktienkurse, oder etwa nicht? In einem Vakuum mag all dies zutreffen. Aber in Wirklichkeit gibt es eher Abstufungen. Ein wichtiger Grund dafür: In der heutigen Zeit wird nur weniges an einem Ort aus von dort stammenden Rohstoffen und Teilen hergestellt und zusammengebaut. Manche „amerikanischen" Autos enthalten Getriebe aus den Vereinigten Staaten, Motoren aus Spanien und werden in Mexiko montiert. Andere werden in den Vereinigten Staaten mit amerikanischen Getrieben zusammengebaut, allerdings mit Motoren aus Südkorea. Die National Highway Traffic Safety Administration erhebt, welcher Anteil (nach Wert) der in den USA verkauften Automodelle aus den USA oder Kanada stammt. Im Jahr 2023 stammte bei den „amerikanischsten" US-Autos immerhin ein Viertel der Teile von außerhalb der Vereinigten Staaten und ihrem großen nördlichen Nachbarn.[2]

Manche bekannten „amerikanischen" Modelle waren zu mehr als 70 Prozent weder US-amerikanisch noch kanadisch![3]

Wenn man den Kauf von Teilen, die Bezahlung von Arbeitskräften und den Verkauf von Autos in mehreren verschiedenen Ländern durchführt, dann gleichen viele einzelne Schwankungen einander aus. Zudem wissen viele Großunternehmen, die in mehreren Währungen und Märkten agieren, alles über die Währungsschwankungen. Daher nehmen sie oft Absicherungspositionen – Hedges – ein, um sich vor großen unerwarteten Kursausschlägen zu schützen.

Denken Sie im Vierer-Kästchen

Würden die Währungen wirklich das Schicksal bestimmen, dann würden einem die Aktien dies sagen. Doch ob stark oder schwach, die Relative Stärke des Dollar diktiert nicht die Entwicklungsrichtung des Marktes. Benutzen Sie die gleiche Logik wie vorhin: Wenn der Dollar schwach ist, bedeutet das, dass der Nicht-Dollar steigt. Und wenn ein schwacher Dollar schlecht für die US-Aktien ist, heißt das, dass der starke Nicht-Dollar für nicht-US-amerikanische Aktien gut sein müsste. Wenn dem so wäre, könnten wir das in der Geschichte problemlos sehen – die US-Aktien und die Nicht-US-Aktien würden sich in ihrer Richtung abwechseln und wären zumindest ein bisschen negativ korreliert.

Aber das Gegenteil ist der Fall. Wie in Abbildung 14.1 zu sehen, bewegen sich die US-Aktien und die Nicht-US-Aktien normalerweise in die gleiche Richtung. Das tun sie nicht immer und nicht in der gleichen Größenordnung – aber wenn die US-Aktien steigen, steigen tendenziell auch die Nicht-US-Aktien. Wenn die US-Aktien fallen, ist es genauso. Nicht immer perfekt, aber es reicht, um zu zeigen, dass sich die US-Aktien und die Nicht-US-Aktien nicht in entgegengesetzte Richtungen bewegen.

Und hier noch eine andere Art, zu überprüfen, ob die Entwicklungsrichtung des Dollar sich auf die Aktien auswirkt. Ich bezeichne sie als Vierer-Kästchen und Sie können sie verwenden, um alle möglichen Überzeugungen zu überprüfen. Abbildung 14.2 zeigt die beiden möglichen Ergebnisse der US-Aktien in allen betrachteten Jahren – gestiegen oder gefallen – und ihre Häufigkeit. (Angegeben sind die Zahlen seit 1971, also nach dem Ende der Bretton-Woods-Ära, als die großen

Währungen wirklich frei zu schwanken begannen.) Und sie zeigt die beiden möglichen Ergebnisse für den handelsgewichteten Dollar und ihre Häufigkeit. (Der handelsgewichtete Dollar ist dafür deshalb die richtige Größe, weil es uns am wichtigsten ist, wie sich der Dollar im Verhältnis zu den Handelspartnern der Vereinigten Staaten entwickelt. Mit Bhutan treiben wir nicht viel Handel, deshalb ist es uns egal, ob der Ngultrum im Verhältnis zum Dollar superstark oder schwach ist.)

Abbildung 14.1 US-Aktien und Nicht-US-Aktien

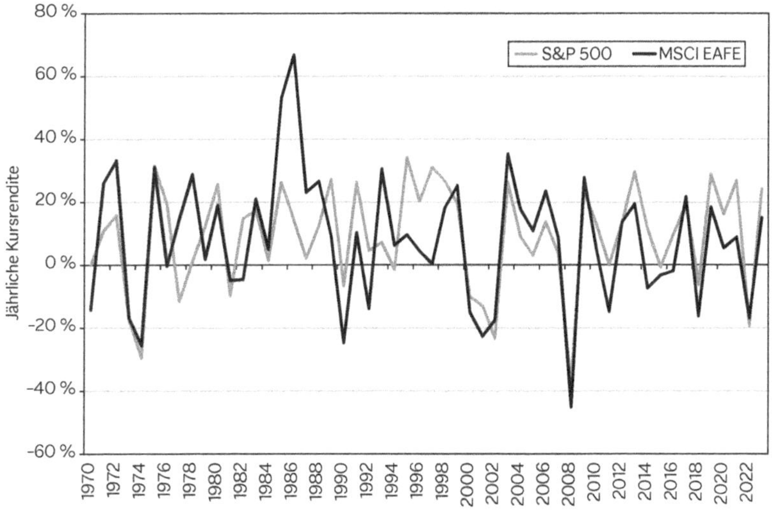

Quelle: FactSet, Stand 16.04.2024; jährliche Kursrenditen von S&P 500 und MSCI EAFE Index.

Abbildung 14.2 US-Aktien und der US-Dollar

		US-Aktien		
		Gestiegen	Gefallen	Gesamt
US-Dollar	**Gestiegen**	23 (43%)	6 (11%)	29 (55%)
	Gefallen	19 (36%)	5 (9%)	24 (45%)
	Gesamt	42 (79%)	11 (21%)	

Quelle: Global Financial Data, Inc., Stand 22.03.2024. Trade-Weighted US Dollar Index, S&P 500 Total Return Index von 31.12.1970 bis 31.12.2023.

Dadurch erhält man die Häufigkeit der vier möglichen Ausgänge pro Jahr: Sowohl Aktien als auch der Dollar gestiegen, Aktien gestiegen und Dollar gefallen, Aktien gefallen und Dollar gestiegen oder beide gefallen.

Erstens sollte Ihnen wie immer die Tatsache ins Gesicht springen, dass die US-Aktien öfter steigen als fallen – und zwar viel öfter –, in diesem Zeitraum in satten 79 Prozent der Jahre. (Prägen Sie das in Ihre DNA ein, dann werden Sie mehr Anlageerfolg haben: Die Aktien steigen viel öfter, als sie fallen.) Zweitens war es mehr oder weniger ein Münzwurf, ob der Dollar gestiegen oder gefallen ist. Es gibt keine Belege dafür, dass der Dollar in eine bestimmte Richtung läuft.

Und was ist nun das häufigste Ergebnis? Dass sowohl der Dollar als auch die Aktien steigen – in 43 Prozent aller Jahre. Wenn man einmal akzeptiert hat, dass die Aktien öfter steigen als fallen, überrascht das auch nicht.

Und wo ist der Beweis, dass ein schwacher Dollar schlecht für die Aktien ist? Wenn das stimmen würde, müssten die Zahlen zeigen, dass dann, wenn der US-Dollar gefallen ist, meistens auch die US-Aktien gefallen sind. Dem ist aber nicht so. Wenn der US-Dollar fiel, war es in der Geschichte so, dass die Aktien mit viermal so hoher Häufigkeit gestiegen wie gefallen sind – 36 Prozent auf drei Jahre gegen neun Prozent auf ein Jahr. (Noch einmal: Die Aktien steigen häufiger, als sie fallen.)

Wenn die Aktien gefallen sind, kann man eine Münze werfen, ob der Dollar gestiegen oder gefallen ist, weil es grundsätzlich einem Münzwurf entspricht, ob der Dollar gestiegen oder gefallen ist. Hieraus kann man also keine Schlüsse ziehen, wie sich der Dollar auf die Entwicklungsrichtung des Aktienmarktes auswirkt, denn über lange Zeiträume gibt es keine Auswirkung des Dollar auf die Entwicklungsrichtung des Aktienmarkts.

Abbildung 14.3 zeigt das Gleiche, allerdings mit weltweiten Aktien. Wieder sind die Aktien öfter gestiegen als gefallen. Und wenn der US-

Dollar gefallen ist, ist es fast fünfmal so wahrscheinlich, dass die weltweiten Aktien gestiegen und nicht gefallen sind (38 Prozent aller Fälle gegen 8 Prozent). Und wieder einmal kann man daraus keine Schlüsse ziehen, weil sich die Entwicklungsrichtung des Dollar nicht auf die Entwicklungsrichtung der weltweiten Aktienmärkte auswirkt. Klarer und einfacher geht es gar nicht.

Abbildung 14.3 Aktien weltweit und der US-Dollar

		Aktien weltweit		
		Gestiegen	Gefallen	Gesamt
US-Dollar	Gestiegen	19 (36%)	10 (19%)	29 (55%)
	Gefallen	20 (38%)	4 (8%)	24 (45%)
	Gesamt	39 (74%)	14 (26%)	

Quelle: Global Financial Data, Inc., Stand 22.03.2024, Trade-Weighted US Dollar Index, MSCI World Total Return Index, MSCI World Total Return Index von 31.12.1970 bis 31.12.2023.

Nun können sich aber Währungskursbewegungen sehr kurzfristig gesehen auf die Rendite eines Portfolios auswirken. Wenn man beispielsweise US-amerikanischer Anleger ist und eine Aktie aus Großbritannien besitzt und wenn sich zwar der Aktienkurs nicht ändert, aber das Pfund Sterling gegenüber dem Dollar zehn Prozent steigt, ist der Wert der britischen Aktie für Sie im Endeffekt um zehn Prozent gestiegen! Und wenn das Pfund Sterling um zehn Prozent fällt, dann fällt auch der Wert der Aktie für US-Anleger. Wenn sich die Wechselkurse stärker ändern als die Aktienkurse (was vorkommen kann), können sich die Devisenkäufe auf die Dollar-Erträge von Auslandsaktien stärker auswirken als die Aktienkurse! Aber hallo!

Wenn man global investiert (was ich den meisten Aktienanlegern empfehle) und wenn man vollständig global diversifiziert ist, müsste man also eine ganze Menge Währungen beobachten. Sollten Sie nun Ihre Stelle kündigen und Experte für den Devisenhandel werden?

Aber nein. Wenn Sie einen langen Zeithorizont haben (was auf die meisten Leser des vorliegenden Buches wahrscheinlich zutrifft), gleichen sich die Auswirkungen der Währungskurse auf ein globales Portfolio im Laufe der Zeit fast auf null aus, weil die Währungskurse im Prinzip ein Nullsummenspiel sind und unregelmäßigen Zyklen unterliegen.

Und wie wäre es, direkt in Währungen zu investieren? Das können Sie gern tun, aber dazu müssen Sie wissen, dass Währungskurse notorisch volatil sind. Allerdings werden Anleger auf lange Sicht für diese Volatilität nicht entlohnt. Wenn man in Gewinnabsicht mit Devisen handeln will, muss man das kurzfristige Market-Timing sehr gut beherrschen. Und das ist unglaublich schwierig. Wenn Sie wissen, wie man das gut und konsequent macht, brauchen Sie eigentlich weder meine Hilfe noch dieses Buch.

Wenn jemand sagt, ein zu schwacher (manchmal auch ein zu starker) Dollar würde den Ruin der Aktien verheißen, ignorieren Sie das. Es gibt keine Belege dafür, dass dem so wäre, und auch keinen fundamentalen Grund. Man könnte im Gegenzug diese Angst als kleinen bullishen Faktor ausnutzen, denn die Angst vor einem falschen künftigen Risiko wirkt fast immer positiv auf die Märkte. Es könnte zwar durchaus sein, dass irgendetwas Unglück für die Aktien verheißt, aber der Dollar allein kann es nicht sein.

15

TURBULENZEN IRRITIEREN DIE AKTIEN

„Die Aktien können nicht steigen, wenn die Welt so beängstigend ist."

Oft sagen uns die Experten, die Lage sei einfach „zu beängstigend", die Nachrichten zu schlecht und die Welt zu gefährlich, als dass die Aktien steigen könnten. (Mehr dazu, wie man die Medien besser interpretieren kann, in Kapitel 16.) Aber die Welt war schon immer mit Risiken konfrontiert. Dazu mögen die Anleger sagen: „Ja, aber das war damals, und da wusste ich immer, dass die beängstigenden Zeiten gut enden würden. Aber diesmal ist es anders."

Wie schon an anderer Stelle in diesem Buch besprochen, meinen die Menschen immer, diesmal sei es anders. Es ist aber niemals so sehr anders, wie die Menschen befürchten. Deshalb hat Sir John Templeton einmal gesagt: „Die vier teuersten Wörter sind ‚diesmal ist es anders'."

Auch Folgendes gehört zu dem Mischmasch an evolutionsbedingten Reaktionen, die für die Menschheit vor langer Zeit hilfreich waren, die aber heutzutage die Geldanlage erschweren: Die Menschen haben sich so entwickelt, dass sie frühere Leiden schnell vergessen. Das war ein überlebenswichtiger Instinkt! Wir meinen vielleicht, als wir mit früheren Ängsten konfrontiert waren, seien wir cool wie Eiszapfen gewesen, aber in Wirklichkeit waren wir das oft gar nicht.

Sehen Sie sich nur einmal die Geschichte dieses Buches an. Gerade lesen Sie kein nagelneues Kapitel. Dieser Teil war schon in der ersten Auflage enthalten, damals, im Jahr 2013, und enthielt eine Aufzählung „beispielloser“ Ängste, die zu *jenem* Zeitpunkt alle in Panik versetzten: ein größeres Erdbeben in Japan, dazu ein Tsunami und ein Atomunfall; eine umstrittene Politik, die angeblich so schlecht war wie nie, das Drama mit der Schuldenobergrenze, aufflammende Spannungen im Nahen Osten; Unwetter und Naturkatastrophen, die europäische Schuldenkrise und anderes mehr.

Und heute? Viele der genannten Probleme könnten im Vergleich zu den heutigen Schwierigkeiten durchaus kurios erscheinen – *ach ja, die guten alten Zeiten der „normalen“ Probleme!* Aber damals fand sie niemand kurios oder normal. Die Experten sagten nicht: „Die sind halb so wild, wir haben schon schlimmere erlebt. Entspannt euch alle!“ Weit gefehlt. Die damaligen Sorgen waren „die ersten und die schlimmsten“ – die ersten ihrer Art und die schlimmsten aller Zeiten. Manche Menschen dachten sogar, die Welt würde am 21. Dezember buchstäblich untergehen, weil da der Maya-Kalender endete!

Stattdessen bekamen wir sieben weitere Jahre mit Wirtschaftswachstum und Bullenmarkt. Wenn das mal keine positive Überraschung war.

Natürlich brachten die frühen 2020er-Jahre eine Reihe von Herausforderungen: Corona-Wahnsinn und weitreichende Lockdowns, die größtenteils einzigartig und neu waren – und sich dennoch als wirtschaftlich weniger katastrophal erwiesen, als befürchtet. Aber der Rest? Putins schmutziger Feldzug in der Ukraine, die Schrecken in Gaza und Israel, das Schuldendrama in den USA, mehr politische Verrücktheiten, Zinsanhebungen und alles Weitere. Doch vergleicht man diese Dinge mit der Liste von 2013, merkt man schnell: Viele sind weder die schlimmsten noch die ersten ihrer Art.

Nehmen wir die Politik. Ist sie heutzutage wirklich kontroverser? Die politische Rhetorik war schon immer hitzig – jeder, der Ihnen sagt, wir seien heutzutage mehr geteilter Meinung, hat nicht den Hauch einer Ahnung von der Geschichte der Vereinigten Staaten. Politische Grabenkriege sind eine Konstante. Aber die Schlagzeilen führen die Shutdowns und Beinahe-Shutdowns des Staates sowie die Tatsache, dass es bei Kongressdebatten beinahe handgreiflich zugegangen wäre, als Beweise dafür an, dass die heutige Politik beispiellos schrecklich sei. Aber ist sie das? Oder werden alte Sprüche einfach durch die sozialen Medien viraler und sichtbarer?

Sogenannte Government Shutdowns sind nichts Neues – fragen Sie einmal Newt Gingrich und Bill Clinton, die in den 1990er-Jahren mehrere Stilllegungen der Bundesverwaltung beaufsichtigten. Körperliche Auseinandersetzungen? Im Jahr 1985 packte Repräsentant Robert Dornan aus Kalifornien den Repräsentanten Thomas Downey aus New York im Plenarsaal bei der Krawatte; vorausgegangen war ein Streit, der damit begonnen hatte, dass Dornan Downey einen „Drückeberger und Feigling“ genannt hatte.[1]

Und das war noch gar nichts gegen einen Vorfall des Jahres 1902, an dem zwei Senatoren aus South Carolina beteiligt waren. Nachdem Benjamin Tillman erfahren hatte, dass sein Kollege John McLaurin eine flammende Rede hielt, in der er ihn beschuldigte, fragwürdige Gegenleistungen zu verlangen, verließ er eilends eine Ausschusssitzung, platzte in die Kammer des Senats hinein und schlug McLaurin ins Gesicht.[2] Mehrere Umstehende, die versuchten, die nachfolgende Prügelei zu beenden, bekamen ebenfalls eins übergezogen.

Doch nicht einmal das übertraf indes das berüchtigte Ereignis des Jahres 1856, als Preston Brooks, Repräsentant aus South Carolina, in die Senatskammer hineinspazierte und Senator Charles Summer aus Massachusetts mit einem metallbewehrten Stock bewusstlos schlug.[3] Das war nur einer von *70* körperlichen Kämpfen, die im Kongress allein zwischen 1830 und 1860 ausbrachen.[4] Glauben Sie immer noch, die heutigen Spannungen seien die schlimmsten, die es je gegeben hat?

Auch Kriege betrachten die Menschen oft als die ersten und schlimmsten. Doch auch wenn dies zweifellos tragisch ist, sind die Kriege in Osteuropa und im Nahen Osten nichts Neues. Seit 1990 sind in fast allen ehemaligen jugoslawischen Republiken, in Georgien, Tschetschenien, Albanien, Moldau und der Ukraine (nicht nur jetzt, sondern auch 2014) Konflikte aufgeflammt. Und der Nahe Osten? Kriege erlebt er nicht erst, seit Israel zur Nation geworden ist, sondern während seiner gesamten Geschichte – wobei die Verwicklungen der Vereinigten Staaten Hunderte von Jahren zurückreichen. (Im Jahr 1801 wurden US-Marines in das Gebiet des heutigen Libyen entsandt, um Schiffsrouten vor Terroristen zu schützen – vor den Barbaresken-Korsaren.)

Naturkatastrophen? Sie plagen die Welt ... nun ja, schon seit dem Urknall. Es gibt keine Belege dafür, dass die Häufigkeit oder die Schwere von Naturkatastrophen zunehmen würde.

Manche Menschen behaupten gern, sogar das *Wetter* werde aus irgendeinem Grund immer heftiger und unberechenbarer, sodass die Hurrikans schlimmer würden und so weiter. Das erklärt aber nicht, wieso der Hurrikan im Jahr 1900 in Galveston der tödlichste war, der jemals die Küste der Vereinigten Staaten erreicht hat.[5] Von den zehn stärksten Hurrikans, die die Küste der Vereinigten Staaten erreicht haben, fanden alle außer zweien vor 1970 statt. Das aktivste Hurrikan-Jahrzehnt seit es Aufzeichnungen dazu gibt (seit 1851) waren die 1880er-Jahre mit 25, gefolgt von den 1940er-Jahren mit 23 und den 1910er-Jahren mit 21.[6] Und die Schwere? In den 1880er-Jahren gab es acht Stürme, die in die Kategorie 3 oder höher eingestuft wurden. In den 2010er-Jahren? Nur drei (von insgesamt 13).

Und warum ist das wichtig? Weil die Menschen gegenwärtige Ereignisse in ihrem Geist aufblähen und sich an frühere Ereignisse falsch erinnern. Sie halten die momentane weltpolitische Lage für angespannt? Und was ist mit dem gesamten Kalten Krieg? Oder mit der Kubakrise, als eine kurze Bootsfahrt von Florida entfernt tatsächlich Raketen stationiert waren, die auf unsere Betten zielten? Sie meinen, die Verschuldung sei hoch? Nach dem Zweiten Weltkrieg war sie – wie in Kapitel 13 dargestellt – im Verhältnis zum BIP höher. Es hat in den Vereinigten Staaten lange Zeiten gegeben, in denen Lebensmittel und Benzin rationiert waren – und das nicht nur als Reaktion auf kurzlebige Naturkatastrophen. Wir wurden auf unserem eigenen Boden in Hawaii, in New York und in Washington angegriffen, und Botschaften unseres Landes im Ausland wurden schon viele Male angegriffen. Wir hatten Ölpreisschocks, Streiks, Rezessionen, Aufstände, Hyperinflation und Deflation. Bilanzierungsskandale, Amtsenthebungen und hausgemachte Terroranschläge auf unserem eigenen Boden.

Das heißt nicht, dass niemals neue Probleme auftreten würden. Die Corona-Lockdowns waren wirklich neu. Aber nicht einmal sie stoppten die Aktien lange. Die Baisse dauerte etwas länger als einen Monat – und sie endete, *bevor* die Lockdowns endeten. Neuerliche Einschränkungen verursachten nicht, wie von vielen befürchtet, eine erneute Baisse. Vielmehr stiegen die Aktien im Laufe des Jahres 2021.

Ob heute oder früher, der Aktienmarkt hat hinsichtlich der Überwindung negativer Ereignisse eine erstklassige Erfolgsbilanz.

Abbildung 15.1 zeigt bemerkenswerte Ereignisse aller Jahre seit 1934 und dazu die jeweiligen globalen Aktienrenditen. Trotz allem sind die Aktien insgesamt gestiegen. Es treten zwar durchaus Baissen auf, aber noch nie war eine Baisse in den Vereinigten Staaten oder der Welt durch eine Naturkatastrophe bedingt. Und abgesehen vom Ausbruch des Zweiten Weltkriegs in Europa hatten geopolitische Spannungen – sogar größere offene Terroranschläge oder der Beginn heißer Kriege – nur flüchtige und nicht unbedingt negative Auswirkungen auf die Aktien. Es stimmt zwar, dass Russlands Invasion der Ukraine im Jahr 2022 und somit im gleichen Jahr wie eine Baisse stattfand, aber die Aktienkurse hatten ihren Höhepunkt fast zwei Monate *vorher* überschritten. Putins Wahnwitz war nur einer von zahlreichen Angstfaktoren, die diese relativ kleine, stimmungsgetriebene Baisse auslösten – neben Zinserhöhungen, Lieferkettenchaos, hoher Inflation und der Nervosität wegen der Zwischenwahlen.

Abbildung 15.1 Keine ruhige Minute

Jahr	Ereignis	Aktienrendite
1934	Umfassende Wall-Street-Reformen verabschiedet; National Recovery Act, Preiskontrollen, Hitler erklärt sich zum Führer.	2,55%
1935	Italien marschiert in Afrika ein; Hitler lehnt Versailler Verträge ab; Dust Bowl, Social Security Act; National Recovery Administration für verfassungswidrig erklärt.	22,78%
1936	Hitler besetzt das Rheinland; Appeasement-Politik gegenüber den Nazis; Spanischer Bürgerkrieg; Spitzensteuersatz in den USA erreicht 79 Prozent.	19,28%
1937	Kurze, aber scharfe Rezession in den USA; Investitionen und Produktion sacken ab; Japan marschiert in China ein.	-16,95%
1938	Nazis annektieren Österreich und marschieren in der Tschechoslowakei ein; Neuengland von schwerem Hurrikan betroffen.	5,61%
1939	Deutschland und Italien unterzeichnen Militärabkommen; Großbritannien, Frankreich und Polen verbünden sich; Einmarsch in Polen, Beginn des Zweiten Weltkriegs.	-1,44%
1940	Frankreich fällt an Hitler; Schlacht um Großbritannien, US-Spitzensteuersatz über 81 Prozent; Wall-Street-Regulierungen verabschiedet.	3,53%
1941	Pearl Harbor; Deutschland marschiert in die UdSSR ein; USA erklären Japan, Deutschland und Italien den Krieg.	18,74%
1942	Kriegsbedingte Preiskontrollen; Schlacht um Midway; US-Spitzensteuersatz 88 Prozent.	1,19%
1943	Fleisch und Käse in den USA rationiert; Preis- und Lohnkontrollen; größere U-Boot-Angriffe; Bundesdefizit über 30 Prozent des BIPs.	19,89%
1944	Konsumgüter knapp; Invasion der Alliierten in der Normandie; US-Spitzensteuersatz erreicht Rekordwert von 94 Prozent.	-10,24%
1945	Nachkriegs-Rezession vorhergesagt; Invasion von Iwo Jima; Roosevelt stirbt; Atombombe über Japan abgeworfen.	11,03%

▶

Jahr	Ereignis	Aktienrendite
1946	US-Nettoverschuldung über 100 Prozent des BIPs; Employment Act of 1946 verabschiedet; Stahl- und Werftarbeiter streiken.	-15,12%
1947	Kalter Krieg; in den USA hohe Inflation; Streit um Israel/Palästina tobt; Krieg zwischen Indien und Pakistan; Kommunisten übernehmen in Ungarn die Macht.	3,20%
1948	Blockade von Berlin; USA beschlagnahmen Eisenbahnen, um Streiks abzuwenden; Unabhängigkeit Israels, sofortiger Einmarsch; Rezession in den USA.	-5,73%
1949	Russland zündet Atombombe; Großbritannien wertet das Pfund ab; Kommunisten kontrollieren China; Spannungen zwischen Taiwan und China.	5,42%
1950	Koreakrieg; McCarthy und die „Rote Gefahr"; China marschiert in Tibet ein; Weltbevölkerung steigt auf über 2,5 Milliarden.	25,48%
1951	Übergewinnsteuer; Rosenberg-Prozess; Fortsetzung des Koreakriegs; USA testen Wasserstoffbombe; Marshall-Plan endet.	22,45%
1952	USA beschlagnahmen Stahlwerke, um Streiks abzuwenden; Revolution in Ägypten; Putsch in Jordanien; in Amerika erreicht die Angst vor Kinderlähmung den Höhepunkt.	15,82%
1953	Überschwemmungen an der Nordseeküste; Russland zündet Wasserstoffbombe; Rezession; Stalin stirbt; Koreakrieg endet.	4,84%
1954	Dow Jones bei 300 Punkten – Angst vor Höhepunkten; Konflikt zwischen Taiwan und China; Französischer Indochinakrieg; Integrationsdebatte Brown vs. Board.	49,82%
1955	Eisenhower krank; Warschauer Pakt gegründet; Nordvietnam marschiert in Südvietnam ein; die 7. Flotte der US unterstützt Taiwans Armee.	24,74%
1956	Suezkrise – Kämpfe zwischen Israel und Ägypten; asiatische Grippe; ungarische Revolution von den Sowjets niedergeschlagen.	6,58%
1957	Russland startet Sputnik; Rezession; Integrationskrise der Little Rock Central High; Eisenhower erleidet Hirnschlag.	-6,02%
1958	Rezession; Konflikt zwischen Taiwan und China; Marines nach Beirut entsendet; Chruschtschow versucht, die Kontrolle über Berlin zu vereinheitlichen.	34,46%
1959	Castro ergreift in Kuba die Macht; Stahlarbeiterstreiks in den USA; ein von Kuba unterstützter Aufstand in der Dominikanischen Republik scheitert.	23,30%
1960	Rezession; Russland schießt U-2-Spionageflugzeug ab; Castro verstaatlicht ausländischen Grundbesitz; Weltbevölkerung über drei Milliarden.	3,49%

▶

Jahr	Ereignis	Aktienrendite
1961	Bau der Berliner Mauer; Green Berets nach Vietnam entsendet; Invasion in der Schweinebucht gescheitert; Freedom Riders - Bürgerrechte.	20,78%
1962	Kubakrise; JFK reguliert Stahlpreise; Kuba-Embargo; Kämpfe zwischen China und Indien.	-6,21%
1963	Präsident Kennedy ermordet; Regierung Südvietnams gestürzt; Debatten über Integration/Segregation werden intensiver.	15,38%
1964	Golf von Tonkin; Rassenunruhen; Staatsstreich in Brasilien; Segregation abgeschafft; Chruschtschow abgesetzt.	11,25%
1965	Bürgerrechtsmärsche; reguläre US-Truppen in Vietnam; Krieg zwischen Indien und Pakistan; großer Stromausfall im Nordosten betrifft 30 Millionen Menschen.	9,83%
1966	Vietnamkrieg eskaliert; Putsch in Nigeria; Beginn der Kulturrevolution in China.	-10,12%
1967	Rassenunruhen in den USA; britisches Parlament stimmt für Verstaatlichung von 90 Prozent der Stahlindustrie; Sechstagekrieg.	21,28%
1968	USS Pueblo gekapert; Tet-Offensive; Martin Luther King und Robert Kennedy ermordet; Sowjets schlagen Prager Frühling nieder.	13,94%
1969	Rezession in den USA; Leitzins auf Rekordhoch; Nordkorea schießt Flugzeug der US-Marine ab; Gaddafi übernimmt die Macht in Libyen.	-3,86%
1970	USA marschieren in Kambodscha ein; Bankrott der Penn Central; Poseidon-Blase in Australien platzt; Schießerei an der Kent State.	-1,98%
1971	Löhne und Preise eingefroren; Ende der Bretton-Woods-Ära; Goldstandard abgeschafft; US-Dollar abgewertet.	19,57%
1972	USA verminen vietnamesische Häfen; israelische Athleten bei den Olympischen Spielen in München ermordet; Irak verstaatlicht Ölgesellschaften.	23,55%
1973	Energiekrise - arabisches Ölembargo; Beginn einer Rezession in den USA; Watergate-Skandal; Agnew tritt zurück; Jom-Kippur-Krieg.	-14,51%
1974	Steilster Marktrückgang seit vier Jahrzehnten; Nixon tritt zurück; Yen abgewertet; Franklin National Bank bricht zusammen.	-24,48%
1975	New York bankrott; Nordvietnam gewinnt den Krieg; Großbritannien verstaatlicht Autohersteller; der spanische Diktator Francisco Franco stirbt.	34,49%

▶

Jahr	Ereignis	Aktienrendite
1976	OPEC erhöht die Ölpreise; US-amerikanischer Staat übernimmt viele private Eisenbahngesellschaften; Bürgerkrieg im Libanon.	14,71%
1977	Sozialabgaben erhöht; Anschlag spanischer Neofaschisten während einer politischen Versammlung; Stromausfall in New York.	2,00%
1978	Steigende Zinsen; Nettoverschuldung der USA steigt auf über 600 Milliarden Dollar - doppelt so hoch wie 1970; Cleveland in Ohio bankrott.	18,22%
1979	CPI-Inflation schnellt in die Höhe; nuklearer Zwischenfall in Three Mile Island; Iran besetzt die US-Botschaft; UdSSR marschiert in Afghanistan ein.	12,67%
1980	Zinsen auf Allzeithoch; Love Canal; Krieg zwischen Iran und Irak; Chrysler gerettet; Silber-Crash.	27,72%
1981	Beginn einer scharfen Rezession; Reagan erschossen; Energieblase platzt; AIDS zum ersten Mal erkannt; Israel bombardiert iranische Atomanlage.	-3,30%
1982	Schlimmste Rezession seit 40 Jahren - Profite stürzen ab; Arbeitslosigkeit steigt; Falkland-Krieg; US-Embargo gegen libysches Öl.	11,27%
1983	US-Invasion in Grenada; US-Botschaft in Beirut bombardiert; WPPSS - größte Pleite aller Zeiten eines öffentlichen Anleihefonds; US-Nettoverschuldung erreicht eine Billion Dollar.	23,28%
1984	Rekord-Defizit des Bundeshaushalts; FDIC rettet Continental Illinois; Monopol von AT&T zerschlagen; Tankerkrieg im Persischen Golf; Gasleck bei Union Carbide in Bhopal.	5,77%
1985	Rüstungswettlauf; Banken in Ohio geschlossen, um einen Run zu stoppen; USA größter Schuldner der Welt; Nettoverschuldung 1,5 Billionen Dollar - doppelt so viel wie 1980.	41,77%
1986	USA bombardieren Libyen; Boesky gesteht Insiderhandel; Challenger explodiert; Tschernobyl.	42,80%
1987	Eintägiger Rekord-Kursverfall an der Börse; Ermittlungen in der Iran-Contra-Affäre ergeben Reagans Schuld; Weltbevölkerung fünf Milliarden.	16,76%
1988	First Republic Bank macht Bankrott; Noriega von den USA angeklagt; Bombenanschlag auf Pan Am 103; „Big Bang" - Finanzmarktreformen in Großbritannien.	23,95%
1989	Platz des Himmlischen Friedens; Erdbeben in San Francisco; US-Truppen in Panama eingesetzt; Tankerunglück Exxon Valdez; Sparkassenkrise - mehr als 500 Banken bankrott; Resolution Trust Corp. gegründet.	17,19%
1990	Rezession; Verbrauchervertrauen bricht ein; Irak marschiert in Kuwait ein - erhöhte Spannungen; Befürchtungen wegen der deutschen Wiedervereinigung.	-16,52%

▶

Jahr	Ereignis	Aktienrendite
1991	USA beginnen Krieg im Irak; Arbeitslosigkeit steigt auf sieben Prozent; Anschlag irischer Terroristen auf Downing Street 10; UdSSR zerbricht.	18,97%
1992	Hurrikan Andrew verwüstet Florida; Unruhen in Los Angeles; Rezessionsängste; erbitterter Wahlkampf.	-4,66%
1993	Steuererhöhungen; Anschlag auf das World Trade Center; Double-Dip-Rezession in Europa; Britisches Pfund abgewertet.	23,13%
1994	Versuch, das Gesundheitswesen zu verstaatlichen; Krise des Mexikanischen Peso; ehemaliges Jugoslawien stürzt in Bürgerkrieg; Kim Il Sung stirbt.	5,58%
1995	Panik wegen Dollarschwäche; Clinton rettet Mexiko; Sarin-Anschlag von Omu Shinrikyo in Japan; Bombenanschlag in Oklahoma City.	21,32%
1996	Inflationsängste; Whitewater-Ermittlungen; Anschlag auf den Khobar Tower; Greenspan spricht vom „irrationalen Überschwang" der Anleger.	13,99%
1997	Mini-Crash der Tech-Aktien im Oktober und Asienkrise; China übernimmt Hongkong; Abrüstungskrise im Irak.	16,23%
1998	Krise des Russischen Rubel; „Asiatische Grippe"; Long-Term-Capital-Management-Debakel; Anschläge auf US-Botschaften in Afrika.	24,80%
1999	Y2K-Paranoia und Korrektur; Amtsenthebung von Clinton; in Venezuela kommt Hugo Chavez an die Macht; Balkankrieg.	25,35%
2000	Platzen der Dotcom-Blase beginnt; strittige Präsidentschaftswahl Gore gegen Bush; Anschlag auf die USS Cole.	-12,93%
2001	Rezession; am 11. September Anschlag auf das World Trade Center; Bombenanschlag der IRA auf die BBC; Afghanistan-Krieg der USA; der noch umstrittene Patriot Act wird verabschiedet.	-16,52%
2002	Bilanzierungsskandale bei Großunternehmen; Sarbanes-Oxley Act verabschiedet; Angst vor Terrorismus; Spannungen mit dem Irak, „Achse des Bösen".	-19,54%
2003	Investmentfonds-Skandale; Konflikt im Irak; SARS; Space Shuttle Columbia explodiert; israelische Luftangriffe in Syrien.	33,76%
2004	Befürchtungen einer Dollarschwäche und eines „dreifachen Defizits" in den USA; Zuganschläge in Madrid; mehr als 100.000 Tote bei Tsunami im Indischen Ozean.	15,25%
2005	Spannungen mit Nordkorea und dem Iran wegen Atomwaffen; Hurrikan Katrina; Ölpreis steigt auf 70 Dollar; Anschläge in London am 7. Juli.	10,02%

▶

Jahr	Ereignis	Aktienrendite
2006	Kernwaffentests in Nordkorea; Kriege in Irak und Afghanistan gehen weiter; Beginn des mexikanischen Drogenkriegs.	20,65%
2007	Finanzunternehmen tätigen Abschreibungen; wesentliche Änderungen der Rechnungslegungsvorschriften; Israel greift vermutliche syrische Atomanlage an; Subprime-Befürchtungen.	9,57%
2008	Globale Finanzpanik; steilster Börsenverfall in einem Jahr seit den 1930er-Jahren; Ölpreis über 140 Dollar; staatliche Rettungsaktionen.	-40,33%
2009	Arbeitslosigkeit steigt über zehn Prozent; weltweit massive finanzielle und monetäre Anreize; Rettung US-amerikanischer Autohersteller.	30,79%
2010	Befürchtungen wegen PIIGS-Staatsanleihen; Befürchtungen einer Double-Dip-Rezession; „Flash Crash"; US-Gesundheits- und Finanzreform verabschiedet.	12,34%
2011	Arabischer Frühling; Erdbeben und Tsunami in Japan; Besorgnis wegen PIIGS-Staatsanleihen hält an; Bin Laden getötet; USA herabgestuft.	-5,02%
2012	Griechenland zweimal bankrott; Spannungen im Nahen Osten nehmen zu; MERS-Ausbruch; Terroranschlag auf die US-Botschaft in Libyen.	16,54%
2013	Zypern-Rettung; Bombenanschlag in Boston; Bürgerkrieg in Syrien; Regierungs-„Shutdown" in den USA; Affordable Care Act wird umgesetzt.	27,36%
2014	Krim-Konflikt zwischen der Ukraine und Russland; Ebola-Ausbruch; Russischer Rubel stürzt ab; Ölpreis purzelt unter 60 US-Dollar.	5,50%
2015	Griechenland lässt Zahlung an den IWF ausfallen; China wertet seine Währung ab; Migrantenkrise in Europa; Terroranschlag in Paris; Fed erhöht Zinsen.	0,49%
2016	Bombenanschlag in Brüssel; Brexit-Votum; Amtsenthebungsverfahren gegen Präsidenten von Brasilien und Südkorea; Trump gewinnt US-Wahl.	7,28%
2017	Raketentests in Nordkorea; UK beruft sich auf Artikel 50; Europawahl; Hurrikans und Brände in den USA.	23,07%
2018	Regierungs-„Shutdowns" in den USA; Wahl und Schuldenängste in Italien; Zolldrohungen zwischen USA und China.	-8,20%
2019	Globale Rezessionsängste; US-Renditekurve kehrt sich um; Zollstreit zwischen USA und China eskaliert; Amtsenthebungsverfahren gegen Trump.	28,40%
2020	COVID-Pandemie, Lockdowns; Baisse; Rezession; Arbeitslosenquote erreicht 14,7 Prozent; umstrittene US-Wahl.	16,50%

▶

Jahr	Ereignis	Aktienrendite
2021	Sturm auf das Kapitol; Inflationsängste; Lieferkettenprobleme; Ausbreitung von COVID-Varianten; Taliban übernehmen wieder Afghanistan; QE läuft aus.	22,35%
2022	Russland-Ukraine-Krieg; Inflation auf 40-Jahres-Hoch; Notenbank erhöht Zinsen; Bankrotte von Kryptowährungs-Firmen.	-17,73%
2023	Globale Rezessionsängste; im Silicon Valley kollabieren Unternehmen; Streiks; Sprecher des Repräsentantenhauses abgesetzt; Krieg zwischen Israel und der Hamas.	24,42%

Quellen: Global Financial Data, Stand 22.03.2024. Die Renditen von 1970 bis 2023 geben den Morgan Stanley Capital International (MSCI) World Index wieder, der die Performance ausgewählter Aktien aus 24 entwickelten Ländern angibt, einschließlich Dividenden und Quellensteuern. Die Renditen vor 1970 wurden von Global Financial Data geliefert und simulieren die Entwicklung eines weltweiten Index einschließlich Dividenden, der ab 1934 berechnet worden wäre.

Die Geschichte ist nie ungetrübt. Die Welt kann einem ganz schön Angst machen – sie kommt nie zur Ruhe. Doch die Widerstandsfähigkeit der Kapitalmärkte zieht sich wie eine Konstante durch die gesamte Geschichte. Wenn Sie warten wollen, bis sich die Lage „beruhigt hat", bevor Sie investieren, dann können Sie wirklich lange warten. Und wenn Sie in turbulenten Zeiten nichts investieren würden, dann wären Sie fast nie investiert – und das wäre ein Fehler, denn die Aktien sind in 73,5 Prozent aller Jahre gestiegen.[7] Aber wie können die Aktien angesichts all dieser Dramen und Traumata steigen? Beängstigende Dinge sind in dieser Welt eine Konstante. Wenn sie weithin bekannt werden, werden sie schnell in den Markt eingepreist. Und genauso oft ist ihr Vorliegen für die Aktien nicht schlecht, sondern gut.

Bedenken Sie außerdem, dass die Aktien auf kurze Sicht stark schwanken können. Doch über längere Zeit gehen sie nach oben und bieten fast endlos steigende Gewinne. Wie im vorliegenden Buch immer wieder erwähnt, ist das Gewinnstreben eine sehr mächtige positive Kraft. Es ist die Grundlage des Kapitalismus und der Grund, weshalb freie, demokratische und kapitalistische Nationen gedeihen, weniger freie hingegen nicht. Wenn die Menschheit vor Herausforderungen steht, tut das dem Gewinnstreben keinen Abbruch. Tatsächlich können Herausforderungen und die Notwendigkeit von Innovationen sogar motivierende Faktoren für Menschen sein, die bereit sind, auf der Jagd nach künftigen Profiten Risiken einzugehen. Die Kapitalmärkte sind deshalb so widerstandsfähig, weil die Menschheit widerstandsfähig ist. Diejenigen, die dagegen gewettet haben, wurden immer und immer wieder widerlegt.

16

NACHRICHTEN, DIE MAN NUTZEN KANN

„Das habe ich in den Nachrichten gehört, also muss es stimmen."

Das dürfte ebenso wie „diesmal ist es anders" zu den teureren Sätzen unserer Sprache gehören.

In den vier Jahrzehnten, in denen ich Finanzkolumnist bin – unter anderem seit 32 Jahren für *Forbes*, was mich zum dienstältesten Kolumnisten macht, den diese Zeitschrift je hatte –, habe ich oft über die Herausforderungen (und Chancen) der Interpretation von Medien geschrieben. In meiner *Forbes*-Kolumne vom 13. März 1995 mit dem Titel „Advanced Fad Avoidance" brachte ich unter anderem folgenden Tipp, wie man es vermeidet, schädlichen Moden zum Opfer zu fallen:

> *„Wenn Sie von einer Investmentidee oder einem bedeutenden Ereignis in den Medien mehr als einmal lesen oder hören, funktioniert sie nicht. Wenn schon mehrere Kommentatoren darüber nachgedacht und geschrieben haben, ist auch eine neue Nachricht schon zu alt."*

Manche, die dieses und anderes lesen, was ich über die Medien geschrieben habe, meinen vielleicht fälschlicherweise, ich wollte damit sagen, Nachrichten seien schlecht und man sollte sie ignorieren. Aber nein! Nachrichten sind der Freund des Anlegers! Ignorieren Sie sie nicht. Lernen Sie lieber, sie anders und korrekt zu interpretieren. Das verschafft Ihnen bei der Geldanlage insgesamt meistens einen Vorsprung.

Schauen Sie weg

Zunächst einmal erfährt man beim Lesen von Nachrichten, worauf sich alle Welt konzentriert. Das ist eine wertvolle Dienstleistung, die Sie kostenlos bekommen!

Die meisten Menschen wissen, dass sie, wenn sie erfolgreich auf den Markt setzen wollen, etwas wissen sollten, dass die meisten anderen Leute nicht wissen. Sie wissen aber nicht, wo sie ansetzen sollen, um etwas zu erfahren, das andere nicht wissen! Ein guter Ausgangspunkt ist es, einfach zu wissen, worauf sich alle anderen konzentrieren – und dann *wegzuschauen*! Und dafür kann man Nachrichten benutzen.

Der Aktienmarkt verarbeitet alle allgemein bekannten Informationen sehr effizient. Wenn man in unserer Welt, in der sieben Tage die Woche rund um die Uhr Nachrichten verbreitet werden – die auf Knopfdruck rund um die Welt sausen –, etwas problemlos online, gedruckt oder im Fernsehen findet, wird diese Nachricht wahrscheinlich von den aktuellen Aktienkursen bereits weitgehend wiedergegeben. Oder das passiert so bald und so schnell, dass Ihre Chance, zu handeln, bis dahin wahrscheinlich schon vorüber ist. Und je länger etwas Schlagzeilen macht, umso mehr ist seine marktbewegende Kraft schon aufgezehrt.

Das heißt aber nicht, dass die Aktien nicht fallen könnten, wenn schlechte Nachrichten gemeldet werden. Das kann durchaus passieren! Nachrichten können sich auf die Stimmung auswirken, und die Stimmung verändert sich schnell. Schon der Versuch, kurzfristige Ausschläge abzupassen, kann gefährlich sein. Wahrscheinlich zieht man sich damit meistens selbst über den Tisch. Und häufig reagiert die Stimmung auf schlechte Nachrichten zunächst maßlos übertrieben. Wenn man auf schlechte Nachrichten hin verkauft, kann es passieren, dass man zu billig verkauft hat und einen besseren späteren Ausstiegszeitpunkt verpasst – *falls* die schlechte Nachricht wirklich so schlecht ist. Außerdem gibt es keine Garantie dafür, dass das, was Sie als Ersatz für die verkaufte Aktie gekauft haben, hinterher steigt. Wenn man auf schlechte Nachrichten hin verkauft – und nur deswegen –, kann das bedeuten, dass man teuer kauft, billig verkauft und möglicherweise einen erneuten Anstieg verpasst.

Hinzu kommt, dass für viele Anstiege oder Rückgänge von Aktienkursen häufig ein anderer Faktor (wahrscheinlich mehrere Faktoren) verantwortlich ist als derjenige, der in den Medien als Ursache ausgiebig diskutiert wird.

Das bedeutet: Wenn sich alle auf etwas Bestimmtes konzentrieren, wissen Sie, dass Sie diesen Punkt beruhigt ignorieren und in die andere Richtung schauen können – auf das, worauf sich die Menschen *nicht* konzentrieren. Auf diejenigen Dinge, die vielleicht tatsächlich die Kraft besitzen, die Märkte in Zukunft wesentlich zu bewegen. Die anderen blicken in den Rückspiegel und meinen, der könnte ihnen zeigen, was vor ihnen liegt. Das funktioniert aber nie und mündet oft in eine Katastrophe.

Schauen Sie weg. Wenn Sie das schaffen, können Sie sich gegenüber anderen Anlegern einen Vorsprung verschaffen. Ja sogar gegenüber den meisten Profis! Aber wenn Sie die gleichen Nachrichten betrachten wie alle anderen und sie auf die gleiche Art interpretieren, entgehen Ihnen wahrscheinlich die anderen Faktoren. Dann laufen Sie mit der Herde.

Ein Stimmungsindikator

Außerdem sind Nachrichten ein guter Stimmungsindikator. Die Stimmung ist von entscheidender Bedeutung, denn über die kommenden circa 12 bis 24 Monate ist sie im Endeffekt gleichbedeutend mit der *Nachfrage*. (Wenn Sie mehr über die Nachfrage wissen wollen, lesen Sie noch einmal Kapitel 9.) Wenn Ihnen klar ist, wo die Stimmung momentan steht, und wenn Sie eine gute Hypothese darüber aufstellen können, ob sie steigen oder fallen wird, wissen Sie ziemlich genau, ob die Aktien mit größerer Wahrscheinlichkeit steigen oder fallen.

Es wird Ihnen zwar nicht gefallen, wenn ich das sage, aber das Erkennen von Stimmungen ist genauso sehr (oder noch mehr) eine Kunst wie eine Wissenschaft. Viele Menschen beurteilen die Stimmung anhand von Indizes zum Verbrauchervertrauen – zwei populäre derartige Indizes werden von der University of Michigan und dem Conference Board veröffentlicht.

Allerdings sind alle Stimmungsindikatoren, die ich kenne, fehlerhaft. Normalerweise sind sie so konstruiert, dass sie einen sauberen Schnappschuss davon abliefern, wie sich die Menschen im Durchschnitt gefühlt haben ... allerdings im *vergangenen* Monat. Genauer gesagt liefern diese Indizes die durchschnittliche Gefühlslage der Menschen *Mitte* des vergangenen Monats. Bestenfalls sind sie zufällig, aber meistens sind sie rückwärtsgerichtet. Da aber die Aktien vorwärtsgerichtet sind, bringt es einem absolut gar nichts, wenn man weiß, wie sich die Menschen Mitte des vergangenen Monats im Durchschnitt gefühlt haben. Es gibt keinen Beleg dafür, dass irgendeine Statistik zum Verbrauchervertrauen zuverlässige Vorhersagekraft besäße.

Aber wenn man jeden Tag drei oder vier landesweite oder internationale Zeitungen überfliegt, kann man sich einen guten Eindruck von der allgemeinen geistigen Verfassung verschaffen. Wenn man die Medien auf die richtige Art konsumiert, bekommt man schnell und leicht ein grobes Gefühl für die Stimmung.

Dabei sollte man besonders auf Stimmungsextreme achten. Extreme Euphorie ist normalerweise ein schlechtes Zeichen – man erlebt sie bei fast allen Höhepunkten von Haussen. Und das bedeutet, dass es keine besonders schlechten Nachrichten braucht, um enttäuscht zu sein. In ähnlicher Weise ist eine extrem negative Stimmung charakteristisch für die Bodenbildungsphase von Baissen. Durchwachsene Stimmung ist eher normal, und innerhalb einer Hausse kann die Stimmung über kurze Zeiträume relativ weit ausschlagen.

Interpretieren Sie, um sie nutzen zu können

Ja, Nachrichten können eine gute Informationsquelle sein, aber nur wenn man weiß, wie man sie interpretieren und benutzen muss. Und dazu muss man wissen, was die Medienbranche ist und was sie nicht ist.

Die meisten Medien sind *gewinnorientierte* Unternehmen. Und das war schon immer so! In den Zeiten, als noch jedermann jeden Morgen eine gedruckte Zeitung an die Haustür geliefert bekam, da kam sie nicht in einem weißen Auto mit einem roten Kreuz auf der Seite. Heute haben sogar die „kostenlosen" Nachrichten-Websites ihren Preis – eine Sintflut an Werbung, die einem in die Augen sticht, und manchmal die Erfassung Ihrer persönlichen Daten sowie ihr Verkauf. Die Medien haben es nicht auf das Wohl der Menschheit abgesehen, sondern sie wollen Profit einfahren. Das müssen sie sogar, sonst sind sie weg vom Fenster. Und daran ist auch nichts auszusetzen! Die Jagd nach Profiten ist richtig und edel. Sie ermöglicht es den Unternehmen, den Shareholder-Value zu steigern, Mitarbeiter einzustellen, Löhne zu zahlen, Sozialleistungen zu bieten und so weiter. Das sind alles Dinge, die den Menschen gefallen.

Viele große Medienunternehmen verkaufen Abonnements, um sich über Wasser zu halten, und ein paar ganz wenige verkaufen sogar erfolgreich Online-Abonnements. Aber das, womit sie ihr täglich Brot verdienen, ist heute, war schon immer und wird auch immer sein: der Anzeigenverkauf.

Um höhere Werbeeinnahmen zu erzielen, müssen die Anzeigen gesehen werden. Von je mehr Augen sie gesehen werden, umso mehr sind Werbekunden bereit, für den Werbeplatz zu bezahlen – ob nun online oder im Druck.

Sie haben bestimmt schon diesen Spruch oder einen ähnlichen gehört: „If it bleeds, it leads." Und das stimmt! Die Macher von Nachrichtensendungen wissen nämlich, dass niemand zuschaut, wenn sie die Abendnachrichten mit einer herzerwärmenden Story über eine Pfadfinderin eröffnen, die mit ihrem Aufsatz in Sozialkunde ein Stipendium über 1.000 Dollar gewonnen hat. Sie wissen, dass sie mit Chaos, Aufständen, Raub, Mord und Intrigen aufmachen müssen.

Und das ist kein Zufall. Es liegt daran, dass sich der Mensch (wie in Kapitel 1 besprochen) so entwickelt hat, dass er überempfänglich für Gefahren ist (damit er Angriffen durch wilde Tiere, dem Hunger- oder Erfrierungstod etc. besser entgehen kann).

Und das bedeutet, dass Anleger wegen ihrer evolutionsbedingten Reaktionen häufig etwas unternehmen, um die Möglichkeit eines kurzfristigen Verlusts zu vermeiden – sogar wenn das bedeutet, dass sie sich dadurch langfristig eher schaden und sich überlegener Renditen berauben (wie gesagt, man nennt dieses Konzept auch *kurzsichtige Verlustaversion*).

Deshalb verkaufen sich schlechte Nachrichten so gut. Das ist einfach eine Tatsache. Man weiß das instinktiv. Wenn Nachrichtenmedien über negative Meldungen berichten, ist das eine rein geschäftliche Entscheidung, um Zuschauer beziehungsweise Leser zu bekommen. Und dagegen ist nichts einzuwenden! Wenn man gern Zeitung liest, möchte man, dass die Zeitung profitabel ist. Und wenn das Medium rentabel ist, bringt es als Erstes oft diejenigen Dinge, für die sich die Menschheit von Natur aus am meisten interessiert.

Anders gesagt: Wenn man das Positive herausstellt, kann das dem Profit Abbruch tun. Darum stimmt es wahrscheinlich, wenn Sie meinen: „Ich höre und lese bloß schlechte Nachrichten!" Das liegt aber nicht unbedingt daran, dass die ganze Welt schlecht wäre. Es liegt vielmehr daran, dass die Medienunternehmen versuchen, möglichst viel Gewinn zu erzielen.

Grundregeln für die gewinnbringende Interpretation von Medien

Wenn Sie wissen, wie die Medien vorgehen und warum sie das tun, wie können Sie dann zum besseren Nachrichtenkonsumenten werden und tatsächlich etwas Nützliches herauslesen? Indem Sie sich an ein paar Grundregeln halten.

1. Die Medien melden *Nachrichten* – und die sind per definitionem etwas, das bereits geschehen ist. Aber die Aktien blicken nach vorn! Wenn die Medien etwas melden, ist es wahrscheinlich schon zu spät, um auf die konkrete und vermutlich bereits veraltete Meldung zu reagieren und daraufhin zu handeln.

2. Die Aktien spiegeln alle allgemein bekannten Informationen wider. Das heißt nicht, dass der Aktienmarkt kurzfristig immer richtigliegen würde. Das tut er nicht! Denn die Menschen liegen nicht immer richtig. Vielmehr spiegelt der Aktienmarkt verbreitete Ansichten wider.

3. Prinzipiell geht es bei der Vorhersage der Entwicklungsrichtung des Marktes darum, die relativen Erwartungen zu erkennen. Für die Vorhersage der Aktienkurse in den kommenden circa drei bis 30 Monaten kann die Wirklichkeit weniger wichtig sein als das erwartete Geschehen. Erkennen Sie, was die meisten Menschen erwarten, und leiten Sie daraus vernünftige Wahrscheinlichkeiten bezüglich dessen ab, was wahrscheinlich passieren wird. Das, was

die Aktienkurse treibt, ist die Kluft zwischen der Wirklichkeit und den Erwartungen.

4. Agieren Sie nicht stur konträr. Exakt das Gegenteil von dem zu glauben, was man liest, kann zwar eine Versuchung sein, aber das bringt einem nicht mehr, als wenn man der Masse folgt. Wenn die Medien etwas behaupten, heißt das noch nicht, dass das Gegenteil zutreffen würde. Vielleicht heißt es, dass die erwartete Auswirkung über- oder untertrieben ist. *Nur weil sie etwas behaupten, heißt das noch lange nicht, dass es stimmt.* Machen Sie das zu Ihrem Mantra.

5. Stellen Sie Daten immer in den richtigen Zusammenhang und ignorieren Sie den Standpunkt des Verfassers. Journalisten wissen, dass sie mit dem geradlinigen *wer/was/wo/wann/warum/wie nicht* auf jeden Fall Aufmerksamkeit bekommen. Vielleicht bauen sie eine aufregende Erzählung ein, die zwar den Unterhaltungsfaktor steigert, aber vielleicht die Wirklichkeit verzerrt. Oder sie arbeiten mit Anekdoten, die zwar fesselnd wirken, jedoch statistisch kaum Gewicht haben. Das ist auch in Ordnung so! Die meisten Menschen würden die Zeitung nicht lesen, wenn sie nur zum Gähnen anregen würde. Doch wenn man versucht, die wahrscheinliche Auswirkung auf den Markt zu bestimmen, kann das weniger nützlich sein. Streichen Sie im Geiste Adjektive und Adverbien durch, ignorieren Sie Anekdoten, außer wenn sie etwas Grundlegendes verdeutlichen, und isolieren Sie die Fakten. Und dann stellen Sie diese in den richtigen Zusammenhang. Relativieren Sie die Zahl. Fragen Sie: „Welche globale Bedeutung hat das?"

6. Seien Sie unpolitisch. Viele Menschen haben eine Ideologie, die sie für richtig halten. Und das ist auch in Ordnung! Aber eine Ideologie ist auch nur eine Form von Verzerrung, die einen blind machen kann. Die Nachrichtenorgane wissen das. Sie bedienen üblicher-

weise diejenigen, die für die eine oder die andere Ideologie eintreten – aber wenn man nur eine Quelle verfolgt, läuft man Gefahr, in eine Echokammer zu geraten, die lediglich die eigenen Überzeugungen verstärkt. Lesen Sie also verschiedene Nachrichtenquellen. Denken Sie nicht: „Nun ja, normalerweise bin ich mit diesen Leuten einer Meinung, und das bedeutet, dass sie unfehlbar immer recht haben." Seien Sie skeptisch und geben Sie allen eine Chance.

Wenn Sie diese Grundregeln befolgen, werden Sie zum besseren und besser informierten Medienkonsumenten. Ignorieren Sie die Medien nicht, sondern nutzen Sie sie zu Ihrem Vorteil.

17

ZU SCHÖN, UM WAHR ZU SEIN

„Da müssen Sie einfach einsteigen. Diese Anlage ist zu schön, um wahr zu sein!“

Warnung: Zu schön, um wahr zu sein, ist fast immer nicht wahr.

In meinem Buch „How to Smell a Rat“ aus dem Jahr 2009 habe ich über die fünf Anzeichen für Finanzbetrug geschrieben. Das war, nachdem der massive, milliardenschwere und jahrzehntelange Betrug von Bernard Madoff ans Licht gekommen war – der dadurch noch tragischer wurde, dass er so leicht vermeidbar gewesen wäre. Wie das? Der wichtigste Entscheidungsträger war gleichzeitig der Verwahrer der Depots – das wichtigste Anzeichen, dass ein Ponzi-Betrug möglich ist.

Und was heißt das? Madoff war für die Entscheidungen verantwortlich, was wann für die Kundenportfolios gekauft und verkauft wurde. Und die Kunden legten ihr Vermögen bei Madoff Investment Securities an. Da bewachte also der Fuchs den Hühnerstall.

Madoff hat Madoff Securities 1960 gegründet. Damals war es ein seriöses Brokerage-Unternehmen, und bis heute vermittelt es auf den ersten Blick diesen Eindruck – es gehörte zu den größten Marketmakern Amerikas für Wertpapiere an NYSE und NASDAQ. Die Brokerfirma für sich genommen war aber nicht das Problem. Das Problem war, dass Madoff sie *und* den Hedgefonds kontrollierte. Da er sowohl die Beratungsseite als auch die Depotseite kontrollierte, war es technisch gesehen für ihn überhaupt kein Problem, Belege zu fälschen und das Geld durch die Hintertür hinauszutragen – und das jahrelang!

Das ist die Grundstruktur aller finanziellen Ponzi-Betrügereien, die ich studiert habe. Entweder standen der Berater und der Depotverwalter letztlich unter einheitlicher Kontrolle, oder der Berater übte in irgendeiner Form Einfluss auf den Depotverwalter aus. Und es verblüffte mich, dass sich in der Flutwelle von Berichten, die auf die Skandale um Madoff und R. Allen Stanford folgte, kein einziger befand, der sich mit diesem entscheidenden Faktor befasst hätte.

Die Trennung zwischen Entscheidungsträger und Depotverwalter

Wenn man die beiden trennt, also darauf beharrt, dass die Mittel bei einem separaten, renommierten, eingetragenen und regulierten, landesweit agierenden Depotinstitut liegen, bei dem man sein Geld persönlich auf ein Konto eingezahlt hat, das auf den eigenen Namen (oder den eigenen und den des Ehepartners, auf den eigenen Treuhandfonds etc.) lautet, macht man einen finanziellen Ponzi-Schwindel so gut wie unmöglich.

Selbst wenn man sein Geld nicht einem „Entscheider" übergibt, etwa einem Fondsmanager oder einem Finanzberater, muss man die Verwahrung sorgfältig bedenken. Die Anleger der dem Untergang geweihten Kryptobörse übergaben dem inzwischen inhaftierten Gründer Sam Bankman-Fried ja keinen Scheck, damit er kaufen und verkaufen konnte, wie er wollte. Sie investierten lediglich an einer Börse sowie in einem Depot, über das *sie* die Entscheidungsgewalt hatten. Das klingt doch ungefährlich!

Da Kryptobörsen *weder eingetragen noch reguliert* waren, unterlag FTX nicht den gleichen Checks and Balances, denen größere Banken und Brokerhäuser unterworfen sind. Und so leitete Bankman-Fried, während er den Anlegern sagte, ihr Geld werde getrennt von dem Vermögen des Unternehmens verwahrt, Millionen davon in einen Schwester-Hedgefonds um – und verwendete es, um Luxusimmobilien zu erwerben und riesige politische Spenden zu tätigen.[1] Und da die Börse nicht reguliert war, waren die Anlegerdepots, als die Machenschaften platzten und FTX insolvent wurde, nicht durch die Securities Investor Protection Corporation (SIPC) abgesichert.[2]

Außerdem war FTX nicht börsennotiert und daher nicht verpflichtet, seine Abschlüsse und Bilanzen zu veröffentlichen. Nun ist es nicht so, dass alle Privatunternehmen dubiose Schwindelfirmen wären – es gibt zahlreiche gute Gründe dafür, dass ein Unternehmen nicht an die Börse geht. Meines hat das auch nicht gemacht. Aber das Fehlen der Publizitätspflicht bietet Betrugswilligen Deckung.

Überdies muss einen nicht jedes Unternehmen, das sowohl berät als auch verwahrt, unbedingt betrügen. Ich persönlich habe mein Unternehmen so eingerichtet, dass die beiden Funktionen voneinander getrennt sind, um meine Kunden davor zu schützen, dass Mitarbeiter über die Stränge schlagen. Oder dass ich selbst über die Stränge schlage! (Manchen Berichten zufolge hat Madoff nicht in betrügerischer Absicht angefangen. Er hat aber angefangen, Kontoauszüge zu fälschen, nachdem sich durch einen normalen Marktrückgang schlechte Erträge ergeben hatten. Jemand mit einem derart empfindlichen Ego hat in der Geldverwaltung für andere Menschen nichts zu suchen.) Es gibt aber auch legitime Gründe, aus denen ein Berater beschließen kann, auch Wertpapiere verwahren – ein Grund mehr, auf die vier anderen Anzeichen für möglichen Finanzbetrug zu achten:

1. *Ihr Finanzberater verwahrt auch Ihre Anlagen.*

2. Die Renditen sind immer großartig! Fast schon *zu schön, um wahr zu sein.*

3. Die Anlagestrategie ist unverständlich, undurchsichtig, protzig oder „zu kompliziert“, als dass er (oder sie oder es) sie so erklären könnte, dass Sie sie problemlos verstehen.

4. Ihr Berater wirbt mit Vorteilen, zum Beispiel Exklusivität, die sich nicht auf die Ergebnisse auswirken.

5. Nicht Sie haben ausführliche Erkundigungen eingezogen, sondern ein Mittelsmann, dem Sie vertrauen.

Man sollte über alle Firmen, die man beauftragt, Erkundigungen einholen. Eine Firma mit einem Anzeichen verdient allerdings einen genaueren Blick. Und ganz besonders müssen Sie sich hüten, wenn mehrere Anzeichen vorliegen. Lieber misstrauisch und sicher als leichtgläubig und reuig.

Und die Idee, Renditen, die „zu schön sind, um wahr zu sein“, könnten echt sein, kann einem ganz besonders schaden.

Hoch und stetig ... und gefälscht

Hier gibt es grundsätzlich zwei Lager – und beide sollten Sie skeptisch machen. Das erste sind geradezu unheimlich stetige Renditen. Dieses Spiel hat Madoff gespielt. Er meldete seinen Kunden in allen Jahren Renditen um die zehn bis zwölf Prozent. Der Markt ist massiv gestiegen? Seine Rendite betrug zehn bis zwölf Prozent. Der Markt ist massiv gefallen? Seine Rendite betrug trotzdem zehn bis zwölf Prozent.

Sogar seine Monatsrenditen waren gleichmäßig. Keine großartigen Verlustmonate oder Verlustjahre. Ein wahr gewordener Traum, der in Wirklichkeit ein Albtraum war – und so ist es normalerweise mit Renditen, die zu schön sind, um wahr zu sein.

Eine solche Gleichmäßigkeit wirkt wie ein Betäubungsmittel. Sie spricht unser Höhlenmenschen-Gehirn an und macht, dass wir nicht zu intensiv nachfragen – Schwindler hassen intensive Nachfragen. Aber eine derartige Gleichmäßigkeit sollte ein sofortiges Warnsignal sein.

Warum sollten zehn Prozent Jahresrendite alarmierend sein? Schließlich haben die Aktien über lange Zeiträume eine Rendite von zehn Prozent pro Jahr gebracht.[3] Aber das ist ein Durchschnittswert, der natürlich riesige Schwankungen beinhaltet. Eigentlich sind Jahre, in denen die Aktien Renditen um die zehn Prozent abwerfen, sogar ziemlich selten. Wie in Abbildung 7.1 in Kapitel 7 zu sehen, verzeichnen sie viel öfter große Anstiege oder Rückgänge. Wenn die eventuellen Opfer von Madoff das gewusst hätten – wenn ihnen absolut klar gewesen wäre, dass die Aktienrenditen von Natur aus schwanken –, wäre das für sie eine zusätzliche Schutzschicht gewesen, ebenso wie für viele andere Opfer unzähliger Betrügereien im Laufe der Jahre. Derart stetige Renditen sind nicht nur eine Abweichung von der Realität, sondern ein offenkundiges Zeichen dafür, dass etwas oberfaul sein könnte.

Nun würde das vermutlich nicht gelten, wenn die Renditen niedrig und gleichmäßig wären. Bei Portfolios mit geringerer kurzfristiger Volatilität (also mit einem kleineren Aktienanteil) kann es durchaus vorkommen, dass die Jahresrenditen weniger schwanken. Das bedeutet dann aber, dass die Renditen nicht annähernd den langjährigen Durchschnitt von Aktien erreichen. Und sogar ein Portfolio mit einem hohen Anteil an festverzinslichen Wertpapieren verzeichnet wohl Verlustjahre. Damit man keine negativen Jahresrenditen hätte – vor Berücksichtigung der Inflation –, bräuchte man schon ein Portfolio mit einem massiven Anteil an Bargeld oder Bargeldäquivalenten.

Ein Portfolio, dessen langfristige Renditen in etwa dem langjährigen Durchschnitt der Aktienrenditen entsprechen, dürfte im Schnitt eine ähnliche Volatilität wie der Aktienmarkt aufweisen. Daran führt kein Weg vorbei. Seien Sie extrem misstrauisch, wenn Ihnen jemand ein Portfolio mit langfristig aktienähnlichen Renditen und minimaler Volatilität verkauft. Noch besser: Machen Sie sofort kehrt.

Superhoch ... und ebenfalls gefälscht

Die zweite gängige Betrugstaktik – sei es das Ponzi-Schema oder eine andere Masche – besteht darin, absurd hohe Renditen zu versprechen. Die bisherige Taktik zielte auf unsere natürliche Abneigung gegen Volatilität ab. Diese hier appelliert schlicht und einfach an die Gier.

Der schillernde Aufstieg von Kryptowährungen hat einen fruchtbaren Boden für „Zu schön, um wahr zu sein"-Maschen bereitet. Ein Beispiel: Anfang 2022 stürzten sich Investoren auf eine stark steigende Kryptowährung namens TerraUSD. Dieser „algorithmische Stablecoin" war an den US-Dollar gekoppelt und mit einem Begleit-Token namens LUNA verbunden, dessen Schwankungen gegenüber TerraUSD Arbitragemöglichkeiten schufen, um die Dollar-Parität zu wahren, während Anchor – ein auf der Terra-Blockchain basierender Kreditgeber – Zinssätze von 20 Prozent auf Terra-Einlagen bot.[4]

Haben Sie das komplett verstanden? Nein? Das kann ich Ihnen nicht verdenken! Denn das ist ein eindeutiges Alarmzeichen gemäß Regel 3: Hüten Sie sich, wenn *die Anlagestrategie unverständlich, undurchsichtig, protzig oder „zu kompliziert" ist, als dass er (oder sie oder es) sie so erklären könnte, dass Sie sie problemlos verstehen.*

Traurigerweise sahen viele Anleger darin kein Alarmzeichen – in ihrem geistigen Auge blinkten bloß 20 Prozent Einlagezinsen wie eine Neonreklame. *20 Prozent? Fast zu schön, um wahr zu sein!*

Nicht „fast“. Es *war* zu schön, um wahr zu sein. Im Mai 2022 verkauften die TerraUSD-Anleger einen Großteil ihrer Positionen, und es stellte sich heraus, dass der „Stablecoin“ alles andere als „stable“ – stabil – war. Er fiel in den Keller. Und LUNA mit ihm. Rund 40 Milliarden an Marktwert *verpufften*, und Do Kwon – der Vorstandsvorsitzende von TerraformLabs, der Muttergesellschaft von TerraUSD – ergriff die Flucht.[5] Er wurde in einem Versteck in Montenegro aufgefunden … und wegen Anlegerbetrugs angeklagt.[6]

Und dann war da noch Steven Reece Lewis. Er wurde im Jahr 2021 der Öffentlichkeit als Vorstandsvorsitzender des strahlenden Krypto-Fonds HyperVerse vorgestellt und beschwindelte niemanden. Seine Probleme waren eher existenzieller Natur, denn – es gab ihn gar nicht.

Sicherlich dachten viele Anleger, es gebe ihn. Schließlich trat doch in dem Gründungs-Video des Unternehmens im Dezember 2021 ein Mann als „Steven Reece Lewis – CEO, HyperVerse“ auf.[7] Er konnte mit einem beeindruckenden Lebenslauf aufwarten: Abschlüsse an den britischen Universitäten Leeds und Cambridge, Derivatehändler bei Goldman Sachs, Gründer eines Webentwicklungsunternehmens, das er an Adobe verkaufte, sowie das Einsammeln von zehn Millionen Dollar zur Gründung eines IT-Beratungsunternehmens, das beim Aufbau blockchain-basierter Lösungen beriet.[8] Schöne Worte! Große Namen! Viel Glaubwürdigkeit!

Wer würde *nicht* in diesen Mann investieren wollen? Vor allem da HyperVerse „Mitgliedschaften“ offerierte, die *Mindestrenditen* von 0,5 Prozent *pro Tag* beinhalteten – 300 Prozent in 600 Tagen![9] Selbst Prominente wie Apple-Mitgründer Steve Wozniak und Chuck Norris äußerten auf Twitter ihre Unterstützung für HyperVerse![10] Wenn sich Woz und „Walker, Texas Ranger“ anscheinend dafür verbürgten, warum sollte man es dann nicht selbst tun?

Aber sehen Sie nicht die vielen Warnsignale? *Renditen, die fast zu schön sind, um wahr zu sein! Exklusive Mitgliedschaften! Vertrauenswürdige Vermittler!* Da überraschte es natürlich nicht, dass HyperVerse kenterte

… und dass Recherchen von *Guardian Australia* enthüllten, dass Lewis „anscheinend nicht existiert". Er entpuppte sich als bezahlter Schauspieler und sagte, er sei „absolut schockiert" gewesen, als er erfuhr, wie das Unternehmen seinen Auftritt genutzt hatte.[11] Während ich dies schreibe, gehen die US-amerikanischen Behörden davon aus, dass HyperVerse ein Schneeballsystem im Volumen von 1,7 Milliarden Dollar war, und sie haben mehrere daran beteiligte Personen des Betrugs angeklagt.[12] Woz und Norris? Ihre „Empfehlungen" erwiesen sich als allgemeine Aussagen auf Cameo, einem Dienst, der gegen Gebühr Grüße von Stars und kurze Video-Spots anbietet, normalerweise Geburtstagsgrüße. Hier allerdings nicht. Das „Zu schön, um wahr zu sein"-Betrugsspiel beschränkt sich jedoch nicht auf Kryptowährungen. Es taucht bei allen Anlageformen auf, selbst bei den guten alten, langweiligen Einlagezertifikaten.

Erinnern Sie sich noch an den überführten Betrüger Sir Stanford? Seine Bank mit Sitz in Antigua verkaufte Einlagezertifikate im Wert von acht Milliarden Dollar mit unmöglich hohen Zinsen – zeitweise über 16 Prozent! Echte Einlagezertifikate von echten Banken boten höchstens halb so hohe Zinsen. Aber das haben im Laufe der Geschichte schon andere Schwindler so gemacht – sie garantierten riesige, weit über den Aktienrenditen liegende Erträge oder aber Erträge, die auf andere Weise für die zugrunde liegende Anlage unvernünftig hoch waren, und zwar oft für sehr kurzfristige Investments. Verdoppeln Sie Ihr Geld in drei Monaten! Solche Sachen eben.

Doch niemand kann einem irgendetwas rechtlich garantieren. Ja schon, Schatzanleihen sind insofern garantiert, als hinter der Zahlung von Zins und Tilgung der US-amerikanische Staat mit seiner vollen Kreditwürdigkeit steht. Und wenn man eine Staatsanleihe kauft und sie bis zur Fälligkeit hält, verspricht einem die US-Regierung, dass man sein Grundkapital und pünktliche Zinszahlungen erhält. Wenn man sie jedoch vor dem Ende der Laufzeit verkauft, kann man damit Verlust machen (siehe Kapitel 1). Jegliches Anlageversprechen von jemand anderem als dem amerikanischen Staat sollte man als Schwindel betrachten.

Und sogar Annuitäten, die mit Garantien versehen sein können, weil es sich dabei um Versicherungsverträge handelt, beinhalten die Warnung, dass die Annuität nur so gut ist wie die Solvenz des Versicherungsunternehmens. (Für mehr über Annuitäten und weshalb sie normalerweise keine gute Alternative für Anleger sind, die langfristiges Wachstum anstreben, siehe die Kapitel 15 und 16 in meinem Buch „Debunkery" von 2009.)

Ich kann Ihnen zwar nichts garantieren, denn, wie gesagt, das kann niemand – und niemand sollte es tun. Ich kann Ihnen aber annähernd garantieren, dass jemand, der mit einer Anlage an sie herantritt, mit der Sie nichts verlieren, aber garantiert superhohe Erträge einfahren können, sehr wahrscheinlich ein Schwindler ist.

Schwindler jeder Couleur

Mit dem sogenannten „nigerianischen" Betrug (auch als 419-Betrug bekannt, nach der betreffenden Sektion des nigerianischen Strafgesetzbuchs) sind ja die meisten Leser inzwischen hoffentlich vertraut. Diese Masche gibt es fast so lange wie das Internet selbst – meist offensichtlich und schlecht formuliert, oft per E-Mail von jemandem, der sich als in Ungnade gefallenes Mitglied des Königshauses ausgibt und um Hilfe bittet, 25 Millionen Dollar aus einem vom Krieg zerstörten Land herauszubekommen. Es gibt davon viele Varianten, aber eines sollten Sie wissen: Wenn Sie jemand bittet, ihm Geld zu überweisen, um an einen größeren Geldbetrag zu gelangen, den er dann mit Ihnen teilen will, handelt es sich höchstwahrscheinlich um einen Schwindel.

Seit einigen Jahren nutzen Betrüger die künstliche Intelligenz, um alte Schwindeleien aufzupolieren. Der alte Trick, sich bei jemandem zu melden und zu behaupten, man sei ein in Not geratener Verwandter oder Bekannter – „Schicke mir schnell Geld, Oma!" – kann heutzutage die echte Stimme der Person beinhalten, oder zumindest fast. Wie das?

Die Betrüger jagen einen Social-Media-Clip durch ein KI-Programm, und *voilà*!

Doch hinter den neuen Tools steckt eine uralte Taktik: ein Gefühl der Dringlichkeit hervorrufen, das die Skepsis und den gesunden Menschenverstand des Angesprochenen überrumpelt. Bewahren Sie also einen kühlen Kopf, wenn Ihnen so etwas passiert. Stellen Sie Fragen, die nur die echte Person beantworten kann. Oder legen Sie auf und rufen Sie unter einer *vertrauenswürdigen Nummer* zurück. Oder beides.

Neue Betrügereien kommen und gehen. Wenn Sie sich gegen Betrugskünstler wappnen wollen, können Sie bei der Betrugsabteilung des FBI die momentan populären Betrügereien durchsehen (www.fbi.gov/scams-safety/fraud).

Egal um welchen Schwindel es sich handelt: Der Betrüger kann seine Opfer zunächst täuschen, indem er ihnen monatlich oder vierteljährlich Schecks schickt, sodass sie glauben, das Ganze sei seriös. Selten handelt es sich dabei um echte Renditen; wahrscheinlicher stammt das Geld aus den Einlagen neuer Opfer – das klassische Schneeball- oder Pyramidensystem. Vielleicht versucht der Betrüger, die ersten Opfer bei Laune zu halten, weil er sie benutzen kann, um seinen Schwindel zukünftigen Opfern zu verkaufen. Oft benutzen Betrüger ihre Opfer, um an deren Bekanntenkreis heranzukommen. Ihre Freunde, Kollegen und/oder Ihre Kirchengemeinde kennen zwar vermutlich den Betrüger nicht, aber sie kennen Sie! Und sie vertrauen Ihnen. Und wenn Sie ein paar Schecks bekommen haben und damit glücklich sind, ist das ein großes Vertrauensvotum für den Betrüger. Er kann dieses Vertrauen dann ausnutzen, um aus Ihren Freunden als Opfer noch mehr herauszuholen. Das ist ein schmutziges Spiel.

Und die Moral von der Geschicht'? Etwas, das zu schön ist, um wahr zu sein, ist fast immer nicht wahr. Und das ist kein Mythos.

ANMERKUNGEN

Kapitel 1 Anleihen sind sicherer als Aktien

1. Global Financial Data, Stand 23.02.2024. USA 10-year Government Bond Total Return Index, 31.12.2021 bis 31.12.2022.
2. Global Financial Data, Inc., Stand 26.2.2024. Gesamtrendite des S&P 500 und der 10-jährigen US-Staatsanleihen über rollierende 20-Jahres-Zeiträume, 1925 bis 2023.
3. Ebenda.
4. Ebenda.
5. Ebenda.
6. Jeremy Warner, „High Energy Prices Need Not Mean Doom“, *The Sydney Morning Herald*, 21. Januar 2011.
7. U.S. Energy Information Administration, Stand 16.2.2024. Weltweite Erdölreserven einschließlich Gasbenzin, 1980 bis 2021. Weltweite Erdgasreserven, 1980 bis 2020.
8. OPEC, Stand 16.2.2024. OPEC Annual Statistics Bulletin, 2023, und OPEC Bulletin, Februar-März 2014. Weltweite Ölnachfrage 1980 und 2022.
9. OPEC und Weltbank, Stand 16.2.2024. Basierend auf der weltweiten Ölproduktion 1980 und 2022 sowie dem weltweiten BIP 1980 und 2022.

10. „Cramming More Components Onto Integrated Circuits“, Gordon Moore, *Electronics*, 19. April 1965.
11. Intel, Stand 23.2.2024. „Intel Research Fuels Moore’s Law and Paves the Way to a Trillion Transistors by 2030“, 3. Dezember 2022.

Kapitel 2 Kurzregeln für die Asset Allocation

1. „Determinants of Portfolio Performance“, Gary P. Brinson, L. Randolph Hood und Gilbert L. Beebower, *Financial Analysts Journal*, Juli/August 1986.
2. Global Financial Data, Stand 23.2.2024. Annualisierter Durchschnitt des US-Verbraucherpreisindex, 31.1.1947 bis 31.1.2024.

Kapitel 3 Volatilität und nur Volatilität

1. Global Financial Data, Inc. und FactSet, Stand 26.2.2024. USA 10-year Government Bond Total Return Index, 31.12.2021 bis 31.12.2022.
2. Global Financial Data, Inc. und FactSet, Stand 1.3.2024. USA 30-year Government Bond Total Return Index, 31.12.2021 bis 31.12.2022.
3. Global Financial Data, Inc., Stand 23.2.2024. S&P 500 Total Return Index von 31.1.1926 bis 31.12.2023.

Kapitel 4 Volatiler denn je

1. Global Financial Data, Inc., Stand 1.3.2024. S&P 500 Total Return Index, 31.12.1925 bis 31.12.2023.
2. Global Financial Data, Inc., Stand 1.3.2024. S&P 500 Total Return Index, 31.12.2021 bis 31.12.2022.

3. Global Financial Data, Inc., Stand 1.3.2024. S&P 500 Total Return Index, 31.12.2019 bis 31.12.2020.
4. Global Financial Data, Inc., Stand 1.3.2024, S&P 500 Total Return Index, 31.12.1925 bis 31.12.2023.
5. Global Financial Data, Inc., Stand 1.3.2024, S&P 500 Total Return Index, 31.12.1931 bis 31.12.1932.
6. Global Financial Data, Inc., Stand 1.3.2024, S&P 500 Total Return Index, 31.12.1932 bis 31.12.1933.
7. Global Financial Data, Inc., Stand 1.3.2024, S&P 500 Total Return Index, 31.12.2008 bis 31.12.2009.
8. Global Financial Data, Inc., Stand 1.3.2024, S&P 500 Total Return Index, 31.12.1997 bis 31.12.1998.
9. Global Financial Data, Inc., Stand 1.3.2024, S&P 500 Total Return Index, 31.12.2009 bis 31.12.2010.
10. Global Financial Data, Inc., Stand 1.3.2024, S&P 500 Total Return Index, 31.12.1976 bis 31.12.1977.
11. Global Financial Data, Inc., Stand 1.3.2024, S&P 500 Total Return Index, 31.12.1952 bis 31.12.1953.
12. Global Financial Data, Inc., Stand 1.3.2024, S&P 500 Total Return Index, 31.12.2004 bis 31.12.2005.
13. Global Financial Data, Inc., Stand 1.3.2024, S&P 500 Total Return Index, 31.12.2018 bis 31.12.2019.
14. Global Financial Data, Inc., Stand 1.3.2024, S&P 500 Total Return Index, 31.12.2014 bis 31.12.2015.
15. Global Financial Data, Inc., Stand 1.3.2024,, S&P 500 Total Return Index 31.12.1972 bis 31.12.1973.

Kapitel 5 Der Heilige Gral - die Bewahrung und Mehrung des Kapitals

1. Global Financial Data, Stand 23.2.2024. Annualisierter Durchschnitt des US-Verbraucherpreisindex, 31.1.1947 bis 31.1.2024.
2. FactSet, Stand 5.3.2024. Renditen 10-jähriger und 30-jähriger US-Schatzanleihen.

Kapitel 6 Der Crash wegen der Diskrepanz zwischen BIP und Börse

1. US Bureau of Economic Analysis, Stand 8.3.2024
2. Global Financial Data, Stand 8.3.2024. Basierend auf dem S&P 500 Total Return Index, 31.12.1925 bis 31.12.2023.
3. US Bureau of Economic Analysis, Stand 8.3.2024.
4. FactSet, Stand 7.3.2024. S&P 500 Total Return Index, 3.1.2022 bis 12.10.2022.

Kapitel 7 Immer und ewig zehn Prozent!

1. Global Financial Data, Stand 8.3.2024. ICE BofA Corporate 7-10Y AAA Index.
2. Global Financial Data, Stand 8.3.2024. ICE BofA High Yield 7-10Y B Index.
3. Bankrate, Stand 8.3.2024.
4. Ebenda.
5. Ebenda.

Kapitel 8 Hohe Dividenden für ein sicheres Einkommen

1. Boeing Company, Stand 11.3.2024.
2. „GE Plans to Reduce Quarterly Dividend in Conjunction with Revised Capital Allocation Framework", GE, 13.11.2017.
3. „GE Announces Third Quarter 2018 Results", GE, 30.10.2018.
4. FactSet, Stand 11.3.2024.
5. „5 Big Dividends & Buybacks: Big Lots Suspends Payout, Tegna Hikes by 20%", Davit Kirakosyan, Investing.com, 30.5.2023.

Kapitel 9 Die dauerhafte Überlegenheit von Small-Cap-Value-Aktien

1. Global Financial Data und New York Life Investments, Stand 7.3.2024. S&P 500 Total Return Index und Ibbotson Small Company Stock Index, 31.12.1925 bis 31.12.2023. Die verwendeten Zahlen zu den Small Caps stammen aus dem *Stocks, Bonds, Bills, and Inflation (SBBI) Yearbook* von Roger G. Ibbotson und Rex Sinquefield.
2. FactSet. Basierend auf dem S&P 500 Total Return Index und den Gesamtrenditen des Russell 2000 Index, 31.12.2013 bis 31.12.2019.
3. Ebenda. Basierend auf dem S&P 500 Total Return Index und den Gesamtrenditen des Russell 2000 Index, 31.12.2019 bis 19.2.2020.

Kapitel 10 Warten Sie, bis Sie sicher sind

1. Global Financial Data, Stand 27.2.2024. S&P 500 Total Return Index, 31.12.1925 bis 3.1.2022.

Kapitel 12 Hohe Arbeitslosigkeit ist für Aktien tödlich

1. FactSet, Stand 22.3.2024. Basierend auf den privaten Konsumausgaben in den USA und auf dem Bruttoinlandsprodukt, Q4 2023.
2. Federal Reserve Bank of St. Louis, Stand 19.3.2024. Reale private Konsumausgaben, 30.11.2007 bis 31.7.2010.
3. FactSet, Stand 19.3.2024. Monatliche US-Arbeitslosenquote (saisonbereinigt), 30.11.2007 bis 31.1.2016.
4. FactSet, Stand 22.3.2024. Basierend auf den privaten Konsumausgaben in den USA, 2004 bis 2023.

Kapitel 13 Das überschuldete Amerika

1. Treasury.gov, Stand 22.3.2024. Historische Verschuldung der USA, 30.9.2012 bis 30.9.2023.
2. FactSet, Stand 22.3.2024. Rendite 10-jähriger US-Schatzanleihen, 31.12.2009.
3. Ebenda. Rendite 10-jähriger US-Schatzanleihen, 31.12.2019.
4. Ebenda. Rendite 10-jähriger US-Schatzanleihen, 31.12.2020.
5. Ebenda. Rendite 10-jähriger US-Schatzanleihen, 31.7.2023.
6. Ebenda. Rendite 10-jähriger US-Schatzanleihen, 29.12.2023.
7. Weltbank, Stand 1.4.2024. BIP der USA und Chinas, 2022.
8. „China's Censorship Dragnet Targets Critics of the Economy", Daisuke Wakabayashi und Claire Fu, *The New York Times*, 31.1.2024.

Kapitel 14 Dollar stark, Aktien stark

1. Internationaler Währungsfonds, Stand 22.3.2024.
2. National Highway Traffic Safety Administration, Stand 28.3.2024.
3. Ebenda.

Kapitel 15 Turbulenzen irritieren die Aktien

1. „Duel on the Hill“, Lois Romano, *The Washington Post*, 5.3.1985.
2. Senat der Vereinigten Staaten, Stand 5.4.2024. „The Censure Case of John L. McLaurin and Benjamin R. Tillman of South Carolina (1902).“
3. Ebenda. „The Caning of Senator Charles Sumner.“
4. „2 Fights Nearly Broke Out In Congress This Week—Here Are Some Of The Legislature's Biggest Fights In History“, Conor Murray, Forbes.com, 15.11.2023.
5. „The Worst Hurricanes in American History“, *Reuters*, 29.8.2023.
6. National Oceanic and Atmospheric Administration, Stand 5.4.2024. Auswirkungen von Hurrikans, die das Land erreichten, auf den amerikanischen Kontinent 1851–2022, und „2023 Atlantic Hurricane Season Ranks 4th for Most-Named Storms in a Year“.
7. Global Financial Data, Inc., Stand 23.2.2024. S&P 500 Total Return Index, 31.1.1926 bis 31.12.2023.

Kapitel 17 Zu schön, um wahr zu sein

1. Office of Public Affairs, U.S. Department of Justice, Stand 22.4.2024. „Samuel Bankman-Fried Sentenced to 25 Years for His Orchestration of Multiple Fraudulent Schemes“, 28.3.2024.
2. „FTX's Money Isn't Insured, FDIC Says“, Emma Roth, *The Verge*, 20.8.2022.
3. Global Financial Data, Stand 11.3.2024. S&P 500 Total Return Index, annualisierte Monatsrenditen, 31.12.1925 bis 29.2.2024.
4. „How $60 Billion in Terra Coins Went Up in Algorithmic Smoke“, Muyao Shen, Bloomberg.com, 20.5.2022.
5. „Crypto Magnate Do Kwon Found Liable for Multibillion-Dollar Fraud“, Joel Khalili, *Wired*, 5.4.2024.

6. Securities and Exchange Commission, „Statement on Jury's Verdict in Trial of Terraform Labs PTE Ltd. and Do Kwon", 5.4.2024.
7. „Chief Executive of Collapsed Crypto Fund HyperVerse Does Not Appear to Exist", Sarah Martin, *The Guardian*, 3.1.2024.
8. Ebenda.
9. Ebenda.
10. Ebenda.
11. „'I Do Feel Bad About This': Englishman Who Posed as HyperVerse CEO Says Sorry to Investors Who Lost Millions", Sarah Martin, *The Guardian*, 10.1.2024.
12. Securities and Exchange Commission, Stand 22.4.2024. „SEC Charges Founder of $1.7 Billion 'HyperFund' Crypto Pyramid Scheme and Top Promoter with Fraud", 29.1.2024.

DANKSAGUNG

Die Reihe „Little Book“ ist eine unaufhaltsame Macht, und es ist mir eine Ehre, meinen Standpunkt zu dieser einmaligen Sammlung beizutragen. Die Entlarvung von Investment-Mythen ist für mich sowohl ein Hobby als auch eine berufliche Notwendigkeit. Das ist meines Erachtens eine der leichteren Möglichkeiten, wie Anleger schnell etwas gegen ihre Fehlerquote tun und bessere Anlageergebnisse erzielen können. Aber nur wenige Menschen wissen überhaupt, dass sie infrage stellen sollten, was sie (und die meisten Menschen) für wahr halten.

Als Erstes muss ich Lara Hoffmans danken, die mir nützliche Dienste beim Entwurf der Originalfassung vor mehr als zehn Jahren leistete, die sich in den seither vergangenen Jahren so gut gehalten hat.

Herzlichen Dank schulde ich auch Chris Ciarmiello, der den aktualisierten Text für die vorliegende neueste Fassung geschrieben hat. Seine exzellente Arbeit machte mir diese Neuauflage so leicht – ein wahrer Spaziergang.

Die Aktualisierung der Zahlen für die vorliegende zweite Auflage waren die harte Arbeit zweier Research-Spezialisten von Fisher Investments, Brenden Sornson und Jimmy Morris. Ihre Unterstützung bei dieser Aktualisierung weiß ich sehr zu schätzen.

Dank auch an Todd Bliman und Elisabeth Dellinger, die mir geholfen haben, das Projekt zu managen, und die außerdem korrekturgelesen sowie mich bei Aktualisierungen beraten haben.

Die Mitglieder des Investment Policy Committee von Fisher Investments, Aaron Anderson, William Glaser, Michael Hanson und Jeff Silk, fällen gemeinsam mit mir Portfolio-Entscheidungen für die Kunden meiner Firma. Sie haben zwar nichts zu dem Buch beigetragen, aber auf jeden Fall tragen sie etwas zu meiner Sichtweise des Marktes bei. Der CEO Damian Ornani leitet das Tagesgeschäft meiner Firma – die ohne die gemeinsamen Anstrengungen dieser fünf Gentlemen nicht erfolgreich sein könnte. Und wenn meine Firma nicht erfolgreich wäre, würde niemanden interessieren, was ich schreibe.

Vielen Dank auch an mein hervorragendes Team bei John Wiley & Sons, an Managing Editor Stacey Rivera und das restliche Team: Delainey Henson und Gajalakshmi Sivakumar. Danke auch an meinen hervorragenden Agenten Jeff Herman, der mich zu John Wiley & Sons geführt hat.

Zum Schluss die Wichtigste: Ich danke meiner Frau Sherrilyn, für deren Unterstützung und Geduld ich ewig dankbar bin.

Ken Fisher
Dallas, Texas

ÜBER DIE AUTOREN

Ken Fisher ist Gründer und Executive Chairman von Fisher Investments, einer Vermögensverwaltung, die im Auftrag von wohlhabenden Privatanlegern und Institutionen aus aller Welt mehr als 265 Milliarden Dollar managt (Stand 31. März 2024). Kens renommierte *Forbes*-Kolumne „Portfolio Strategy" erschien 31 ½ Jahre lang monatlich bis zum 31. Dezember 2016, was ihn zum am längsten regelmäßig publizierenden Kolumnisten in der Geschichte der Zeitschrift macht. Heute schreibt er monatliche muttersprachliche Kolumnen für mehr als 25 bedeutende Medienorgane auf der ganzen Welt, unter anderem in den Vereinigten Staaten für die *New York Post*, im Vereinigten Königreich für den *Daily Telegraph* und in Kanada für *The Globe and Mail*. Kens theoretische Arbeiten der 1970er-Jahre waren Vorreiter der Verwendung des Kurs-Umsatz-Verhältnisses als Instrument der Investment-Analyse, und er hat zahlreiche professionelle sowie wissenschaftliche Artikel verfasst, darunter den preisgekrönten Artikel „Cognitive Biases in Market Forecasting". Ken belegte im Jahr 2023 in der *Forbes*-Liste der 400 reichsten Amerikaner Platz 144 sowie in der Liste der weltweiten Milliardäre aus dem Jahr 2024 Platz 292. Er hat noch zehn weitere Bücher geschrieben, unter anderem die landesweiten Bestseller „The

Only Three Questions That Count", „How to Smell a Rat", „Debunkery" und „Markets Never Forget (But People Do)", alle bei Wiley erschienen.

Lara W. Hoffmans hat zusammen mit Ken Fisher zahlreiche Bestseller mitverfasst, darunter „The Only Three Questions That Count", „How to Smell a Rat" und „Plan Your Prosperity". Auch schreibt sie Beiträge für Forbes.com und andere Finanzpublikationen.

Chris Ciarmiello ist Research-Analyst bei Fisher Investments. Neben seiner Unterstützung bei den Büchern arbeitet Chris auch häufig zusammen mit Ken an der Erstellung seiner vielen weltweiten Artikel. Er hat Abschlüsse vom Connecticut College und von The New School, und er wohnt derzeit in Vancouver im Bundesstaat Washington.

128 Seiten,
broschiert,
24,90 EUR [D] / 25,60 EUR [A]
ISBN: 978-3-86470-974-6

David Berns, Michael Green
Das kleine Buch des Optionshandels

„Das kleine Buch des Optionshandels“ stellt bewährte Strategien und Techniken vor, die auch von den Profis genutzt werden. Von grundlegenden Konzepten bis hin zu fortgeschrittenen Taktiken bietet es einen umfassenden Überblick für Anleger, die ihr Handelsgeschick verbessern und die Volatilität des Marktes zu ihrem Vorteil nutzen möchten. Ideal für Einsteiger und erfahrene Trader gleichermaßen, liefert „Das kleine Buch des Optionshandels“ die notwendigen Werkzeuge, um informierte Entscheidungen zu treffen, Risiken zu managen und Ihr Portfolio zu optimieren.

Börsenbuchverlag

208 Seiten,
Taschenbuch,
9,90 EUR [D] / 10,20 EUR [A]
ISBN: 978-3-86470-755-1

Jack D. Schwager
Das kleine Buch der Market Wizards

Die Market Wizards sind die erfolgreichsten Trader aller Zeiten. Sie erzielen seit Jahrzehnten herausragende Performances bei völliger Risikokontrolle und sind Vorbilder für Generationen von Tradern. Jack Schwager hat in den letzten 25 Jahren diese Besten der Besten für seine berühmte »Magier der Märkte«-Reihe interviewt. Selbst ein erfolgreicher Trader, weiß er, worauf es ankommt und welche Fragen er stellen muss, um das Erfolgsgeheimnis dieser Profis zu lüften. In seinem »Kleinen Buch der Market Wizards« bündelt er nun die wichtigsten Lektionen aus diesen Gesprächen in einem Buch.

Börsenbuchverlag